Jochen Jülicher
Es wird alles wieder gut, aber nie mehr wie vorher

Jochen
Jülicher

Es wird alles
wieder gut,
aber nie mehr
wie vorher

Begleitung in
der Trauer

echter

Bibliografische Information der Deutschen Nationalbibliothek
Die Deutsche Nationalbibliothek verzeichnet diese Publikation in der
Deutschen Nationalbibliografie; detaillierte bibliografische Daten sind im
Internet über <http://dnb.d-nb.de> abrufbar.

10. Auflage 2015
© 1999 Echter Verlag Würzburg
Umschlag: Peter Hellmund (Foto: KNA/Ernst Herb)
Druck und Bindung: Friedrich Pustet GmbH & Co. KG, Regensburg
ISBN 978-3-429-02081-1

Inhalt

V. Hilfen und Übungen

Über dieses Buch

Wie gehe ich mit meiner Trauer und mit der Trauer anderer Menschen um? Wie kann ich mich in einer solchen Situation so verhalten, daß ich nicht verletze, mich nicht aufdränge, aber auch nicht im Stich lasse? Was ist »normal« im Durchleben der Trauer? Wie lebe ich darin mit meinen Kindern? Oder was heißt es, wenn ich sage: Sie oder er ist jetzt »im Himmel«? – Konkrete Fragen, die konkrete Antworten verlangen. Dieses Buch gibt Antwort auf diese und noch andere Fragen im Zusammenhang mit Trauer und Trauerarbeit. Es ist geschrieben für Menschen, die einen schmerzlichen Verlust erlitten haben, und für die, die mit solchen Menschen zu tun haben, sei es im Familien- und Freundeskreis, in der Nachbarschaft, am Arbeitsplatz oder wo auch immer; sei es professionell als Pfleger(in), Sterbe- oder Trauerbegleiter(in), als Seelsorger(in) oder als Bestatter(in). Es ist kein Buch *über* Trauer, sondern ein Wegweiser und Begleiter *in* der Trauer. Es enthält neben der Klärung des Trauerprozesses viele praktische Tips für den alltäglichen Umgang mit der Trauer und mit Trauernden. Eher theoretischen, aber in der Praxis doch oft drängenden Fragen theologischer, psychologischer oder pädagogischer Art ist ein eigenes Kapitel gewidmet. Aber auch hier liegt der Schwerpunkt nicht auf dem theoretischen Hintergrund, sondern auf den für die alltägliche Auseinandersetzung wichtigen Aspekten: Was z.B. sage ich, wenn meine Tochter oder mein Sohn mich plötzlich fragt, wo ihr gerade verstorbener Großvater denn jetzt sei? Was heißt es, wenn ich dann eher verlegen oder mit voller Überzeugung sage: »Er ist jetzt im Himmel, und es geht ihm gut«? Das letzte Kapitel bietet Hilfen und Übungen an für Menschen, die sich als einzelne oder in Gruppen mit ihrem eigenen Sterben und mit ihrer Trauer auseinandersetzen möchten. Es sind Anleitungen zur »Trauerarbeit« für Interessierte und für indirekt Betroffene, auch geeignet zur Durchführung in Seminaren.

Das Buch ist entstanden aus der konkreten Arbeit mit Trauernden und ihrem Umfeld und mit Menschen, die beruflich mit Trauernden zu tun haben. Es ist ein Buch aus der Praxis für die Praxis. Es gibt inzwischen gottlob ein weites Spektrum an Literatur zu dem früher viel mehr als heute tabuisierten Thema »Trauer«, aber es gibt kaum Bücher, die den »alltäglichen« Umgang mit der Trauer und mit Trauernden ins Auge fassen und sich nicht scheuen, dazu auch konkrete Tips und Verhaltensvorschläge zu geben. Das vorliegende Buch soll diese Lücke schließen helfen: ein praktisches Begleitbuch und »Vademecum« für Trauernde und Menschen in ihrem Umfeld. Zu diesem Buch ist im Echter Verlag auch eine CD erschienen mit dem Titel *Ein kleiner Funke Hoffnung* mit konkreten Übungen zur Trauerarbeit. Sie ist gedacht zur Unterstützung für betroffene Trauernde und kann natürlich auch bei entsprechenden Seminaren und Gesprächsgruppen eingesetzt werden.

I. Einführung:
Trauer und Trauerverarbeitung

1. Betroffen sein

> Ein Trauerprozeß kann nicht beendet werden,
> wenn er überhaupt nicht begonnen wurde.[1]

Dieser Satz von Christine Longaker mag trivial erscheinen, aber er nennt das Wichtigste im Umgang mit der Trauer ganz prägnant beim Namen: Trauer ist ein Prozeß, auf den man sich zunächst einmal einlassen muß, um ihn verarbeiten zu können. Man kann sich ihm auch widersetzen, sich verschließen, ihn verdrängen oder gar völlig ignorieren. Solange er aber nicht begonnen wurde, bleibt er gleichsam auf der Lauer liegen, um bei anderen, ähnlichen Anlässen und Geschehnissen oder auch völlig unerwartet in scheinbar unerklärlichen Symptomen wie unmotivierter Traurigkeit, depressiven Stimmungen oder ähnlichem hervorzubrechen. Man braucht nicht etwas Spezielles zu *tun*, um den Trauerprozeß zu beginnen, eher sollte man alles *lassen*, was diesem Prozeß im Wege steht oder ihn verdrängt. Trauer ist etwas ganz Natürliches, man braucht sie gleichsam nur fließen zu lassen, sie strömt von alleine. Ich möchte Sie in diesem Buch ermutigen, Ihre Trauer fließen zu lassen, sich ihr, d.h. Ihrem eigenen Inneren, dabei anzuvertrauen, der Trauer nichts in den Weg zu legen, sie nicht zu verdrängen, sondern sie so bewußt wie möglich zu »er-*leben*«. Sie finden hier eine Menge Information und praktische Hilfen im Umgang mit der eigenen Trauer ebenso wie für das Leben mit Trauernden, mit denen Sie privat oder beruflich zu tun haben. Die Ausgangsfrage für dieses Buch lautet: Was kann ich als direkt oder indirekt Betroffener zur Unterstützung meiner Trauer (oder der des anderen) tun? Wie kann ich konkret so mit ihr umgehen, daß sie auf eine gute, »gesunde«, d.h. integrierende und fruchtbare Art und Weise durchlebt wird?

9

Ganz entscheidend im Umgang mit der eigenen Trauer, aber viel mehr noch im Umgang mit der Trauer eines anderen Menschen ist die Betroffenheit. Beim Trauernden selbst wird diese Betroffenheit durch den schmerzlichen Verlust quasi von selbst ausgelöst: Der Verlust (be-)trifft ihn direkt. Etwas anders ist das im Umfeld des Trauernden. Hier ist es wichtig, daß man bereit ist, sich überhaupt erst einmal von der Situation des anderen wirklich treffen zu lassen, auf die eigenen Gefühle zu achten und so die Trauer des anderen mit der eigenen Trauer zu verbinden. Ich werde darauf im dritten Kapitel dieses Buches näher eingehen.

Zunächst jedoch werde ich ein wenig klären, was Trauerarbeit ist, wen sie betrifft und was das Ziel der Trauerarbeit ist. Im zweiten Kapitel nenne ich einige Aufgaben, die man als Trauernder zu erfüllen hat oder die man als indirekt betroffener Freund, Verwandter, Nachbar, Kollege oder in welchem nahen Verhältnis auch immer mitvollziehen und verstehen muß, um dem Trauernden nahe sein zu können. Dazu gebe ich Ihnen aus meiner Erfahrung im Umgang mit Trauernden heraus auch konkrete Hilfsmittel, Tips und kleine Übungen für den Alltag mit, die anderen bereits geholfen haben und die Ihnen womöglich auch helfen können. Ich hoffe, daß die Ratschläge, die ich dabei gebe, nicht als »Schläge« ankommen, sondern als Erfahrungswerte und als Möglichkeiten, auf die Sie sich frei einlassen können oder die Sie ebenso beiseite legen können. Erfahrungswerte sind prinzipiell offen für andere, auch völlig andere Erfahrungen. Einzig und allein entscheidend ist Ihr ureigener Weg durch die Trauer; ich möchte nicht mehr als ein beiseite stehender Begleiter darin sein, der Ihnen ab und zu vielleicht einen nützlichen Fingerzeig geben kann.

Im dritten Kapitel des Buches gehe ich speziell ein auf die Situation des indirekt Betroffenen, des Menschen, der anderen in ihrer Trauer begegnet und sie unterstützen will und vielleicht nicht so recht weiß, wie er sich verhalten soll. Neben dem Verstehen der speziellen Situation des Trauernden gibt es auch einige konkrete Verhaltensregeln, die beachtenswert sind und die Mißverständnisse und Peinlichkeiten vermeiden helfen. Jeder Mensch kann von heute auf morgen zu der Gruppe der indirekt Betroffenen gehören oder sogar direkt von einem schweren Verlust betroffen sein. Das erwähne ich nicht, um Ihnen Angst einzuflößen, sondern um die »Normalität« der Trauer in unserem Leben aufzuzeigen. Trauer ist nichts Alltägliches, aber etwas völlig Normales, was voll und ganz in unseren Alltag hineingehört. Ich halte sehr viel von einer guten Trauerbegleitung, auch von professioneller Trauerbegleitung, aber im Grunde ist dies nichts, was nicht jeder Mensch mit etwas Information und Einfühlungsvermögen und vor allem einem offenen Herzen »leisten« kann. Trauerbegleitung ist ebenso wie die Trauer selbst nichts Anormales oder ein Beruf für Spezialisten, sondern eine Fähigkeit, die jedem Menschen gegeben und aufgegeben ist. Daß man dabei ein paar Dinge zu beachten hat, widerspricht dem durchaus nicht, denn das sind, wie gesagt, nicht viel mehr als Erfahrungswerte, die ein jeder sich erwerben und ergänzen kann. Wirklich abnormal schwierige, »pathologische«, d.h. krankhafte Trauerprozesse, die des Eingreifens eines Spezialisten oder Arztes bedürfen, sind viel seltener, als man gemeinhin annimmt. Die meisten Menschen durchleben ihre Trauer auf durchaus »normale« und nachvollziehbare Art und Weise. Es ist sehr empfehlenswert, einen guten und erfahrenen Trauerbegleiter zu Rate zu ziehen, aber dies darf kein Ersatz für die Nähe und Begleitung sein, die jeder Mensch dem anderen bieten kann.

Im Anschluß daran behandele ich in einem vierten Kapitel einige Hintergrundfragen, die in meiner Praxis als Trauerbegleiter immer wieder auftauchen. Es betrifft Fragen nach dem Verlauf des Trauerprozesses (psychologischer Aspekt), nach einem wie auch immer gearteten »Weiterleben« nach dem Tode (theologischer Aspekt) und Fragen nach der Entwicklung und Erziehung von Kindern und Jugendlichen im Zusammenhang mit der Trauer (pädagogischer Aspekt).

Den Abschluß des Buches bilden einige Übungen, die man allein oder in einer Gruppe absolvieren kann, die der Bewußtwerdung und der Unterstützung des Trauerprozesses dienen. Ich gestalte sie selbst bei Seminaren und Workshops mit Trauernden bzw. mit Personen in deren Umfeld und professionellen Kräften. Es ist dabei wichtig, daß Sie die für Sie gerade jetzt passende Übung auswählen und sie nicht einfach der Reihe nach »durchnehmen«, denn entscheidend bei diesen und derartigen Übungen ist nicht die »Technik« oder das informative Wissen, sondern die Erfahrung, die sich durch eine solche Übung einstellt. Es handelt sich dabei also um Hilfsmittel, und Hilfsmittel, die einem zum jetzigen Zeitpunkt nicht weiterhelfen, sollte man getrost weglassen.

2. Was ist »Trauerarbeit«?

Man kann Trauer nicht »bewältigen«. Den in diesem Zusammenhang oft gebrauchten Begriff »Trauerbewältigung« meide ich lieber, weil er suggeriert, daß es etwas mit Macht und Kraft zu überwinden gilt. Das ist bei der Trauer nicht der Fall. Ich spreche lieber von Trauer*verarbeitung* oder noch besser von Trauer*arbeit*. Damit ist das gemeint, was mit dem Auslösen der Trauer durch den erlittenen Verlust, konkret durch den Tod eines nahestehenden Menschen, einsetzt. Alles, was ich als Betroffener in meiner Trauer »leisten« muß, ist Trauerarbeit. Sie betrifft sowohl den Umgang mit dem Schmerz über den erfahrenen Verlust als auch die Bewältigung des Alltags in der völlig veränderten Situation und all die vielen Schritte, die nötig sind, um den Prozeß des Trauerns und die darin stattfindende Entwicklung zu unterstützen.

»Trauerarbeit« ist nur ein Teil des Gesamtkomplexes »Sterben – Tod – Trauer«, ausgerichtet auf den Einzelnen, der damit konfrontiert wird und der sich plötzlich vor eine schier unlösbare Aufgabe gestellt sieht. Es gibt zudem viele Arten der Trauer, es gibt sie in unterschiedlicher Dichte und Betroffenheit. »Trauer ist die Patin eines jeden Abschieds«.[2] Das kann der definitive Abschied von einem Menschen im Tod sein, es kann aber auch der Abschied bei einer Trennung

12

oder Scheidung sein; es kann der Abschied von der Arbeitsstelle bei der Pensionierung oder Entlassung sein wie der von den erwachsenen Kindern, wenn sie aus dem elterlichen Haus ausziehen; es kann der Abschied vom Lieblingstier sein, aber auch der allmähliche Übergang in eine neue Lebensphase, in der man die Ordnung und die Geborgenheit der vergangenen Zeit hinter sich läßt. In diesem Buch jedoch geht es ganz besonders um den zuerst genannten Abschied von einem liebgewordenen Menschen und die Trauer, die dieser Abschied beim Betroffenen selbst und in seinem sozialen Umfeld auslöst. Bei der unterschiedlichen Art der Betroffenheit handelt es sich um zwei Aspekte, die aber letztendlich ineinander übergehen und die sich hauptsächlich in der Intensität und weniger im Inhalt unterscheiden:

(1) Wie gehe ich selbst *als direkt Betroffener* mit meiner Trauer um?

(2) Wie gehe ich *als indirekt Betroffener* mit der Trauer eines anderen Menschen um, der mir nahesteht oder zu dem ich einen gewissen Abstand habe, der mir aber in verschiedenen Situationen begegnet?

Letzteres hängt wiederum ganz entscheidend mit davon ab, wie ich mit meiner eigenen Trauer umgehe bzw. in der Vergangenheit umgegangen bin. Deshalb mache ich zunächst einmal bei der Beschreibung der Trauerarbeit keinen Unterschied zwischen direkt und indirekt Betroffenen. Im wesentlichen bleibt es für beide dasselbe, und man hat nur in einem eher äußeren Bereich unterschiedliche Aufgaben, auf die ich im dritten Kapitel näher eingehe. Ganz wichtig aber ist die *Erkenntnis, daß Trauerarbeit nicht nur vom Betroffenen zu leisten ist, sondern auch von seinem Umfeld*, von Freunden, Verwandten, Nachbarn, Arbeitskollegen usw., wobei ich dafür plädiere, sich dem nicht zu entziehen, wenn es einem auf (nicht: *in*) den Weg gelegt wird.

Im Zusammenhang mit der Sterbebegleitung taucht immer wieder etwas auf, was zu Mißverständnissen oder falschen Erwartungen führt. Nicht wenige Menschen meinen nämlich, daß sie durch die Begleitung des sterbenden Menschen bis hin zu seinem Tod bereits den größten Teil der Trauerarbeit »hinter sich« hätten und daß ihnen der Gang durch die Trauer dadurch mehr oder weniger erspart bliebe. So gut und unschätzbar wertvoll es ist, wenn man sich von einem Sterbenden offen verabschieden kann, wenn man ihn bis zur Grenze geleiten und begleiten kann und dadurch tatsächlich auch auf die Trauerarbeit *vor*bereitet ist, so wird man doch immer wieder feststellen, daß es ein himmelweiter Unterschied ist, ob man den Sterbenden noch irgendwie erreichbar bei sich hat oder ob er ganz von einem weggenommen ist. Ich zitiere hierzu gerne den Ausspruch einer Trauernden, den ich in vergleichbarer Form immer wieder von Angehörigen höre, die die Sterbenden bis zuletzt gepflegt und versorgt hatten: »Ich dachte, ich wäre durch die Pflege und den langen Abschied und unsere Offenheit miteinander gut vorbereitet, und das war ich in gewisser Weise auch, aber als er dann tot war, da war doch alles ganz anders.«

Das Begleiten eines Sterbenden bis zuletzt, die »Sorgearbeit«, ist für den weiteren Verlauf der Trauerarbeit sicherlich von immens positivem und sogar erleichterndem Einfluß, aber sie kann diese nicht ersetzen.

Was aber ist dann Trauerarbeit? Woraus besteht sie konkret, wie kann man sie leisten, und wo führt sie hin? Darauf werde ich im folgenden eine Antwort zu geben versuchen.

Trauerarbeit ist primär keine körperliche oder äußere Arbeit, sondern eine Arbeit des inneren Menschen, es ist Arbeit, die die Seele (Psyche) verrichten muß und die Auswirkungen auf unser Denken, Fühlen und Handeln und auch auf unseren Organismus hat. Umgekehrt hat das Denken, Fühlen und Handeln und das Befinden des Organismus auch Einfluß auf die Seele und die von ihr zu leistende Trauerarbeit.

Wie aber kann denn die Seele »arbeiten«? – Unser Inneres arbeitet weitgehend selbständig, die Seele ist, organisatorisch betrachtet, kein Angestellter oder gar Untergebener (auch wenn manche so mit ihr oder auch mit ihrem Körper umgehen), sondern sie ist eher so etwas wie ein freier Mitarbeiter, nicht ganz unabhängig, aber auch nicht ganz von Ihnen abhängig, also eher ein Partner als ein Untergebener. Was sie bei der Trauerarbeit leistet, ist die Einordnung des erlittenen Verlustes und eine nahezu völlige Neuorientierung in der jetzt eingetretenen Situation bis hin zu einem hohen Grad an Integration (was übrigens etwas völlig anderes ist als das Vergessen des Verlustes). Man kann ihre Arbeit nicht restlos steuern, man kann sie wohl in gewissem Maße beeinflussen, und zwar sowohl positiv wie negativ: Man kann sie stimulieren, unterstützen, bewußt machen – man kann sie auch behindern, verdrängen, unterdrücken oder gar (zumindest zeitweilig) blockieren.

Niemand *muß* Trauerarbeit leisten, aber jeder *kann* Trauerarbeit leisten. Nicht geleistete Trauerarbeit kann sich rächen (und sie rächt sich fast immer), indem sie an anderen Stellen zum Ausbruch kommt. So passiert es oft, daß bei einem Sterbefall oder bei einem andersartigen schweren Verlust auf einmal andere, vorher nicht geleistete Trauerarbeit aufbricht und man sich plötzlich nicht nur mit einem, sondern mit mehreren unverarbeiteten Verlusten und Situationen konfrontiert sieht. Eine andere Möglichkeit ist die, daß man krank wird, so wie der bekannte Trauerforscher und Psychologe Jorgos Canacakis es formuliert hat: »Nicht geweinte Tränen wandern im Körper umher.«

Trauerarbeit also ist Arbeit, die die Seele *von selbst* verrichtet, wenn wir ihr nichts in den Weg legen – und das ist ungeheuer schwer. Denn Trauer macht uns Angst, wir wissen nicht, wo sie hinführt, und wir haben es nicht gelernt, uns von ihr, d. h. von unserer eigenen Fähigkeit zu trauern, führen zu lassen. Lieber versinken wir noch völlig in ihr, wenn sie sich denn nicht ganz vermeiden läßt, als daß wir »einfach« loslassen (»los-*lassen*«) und uns auf unsere natürliche Trauerfähigkeit verlassen.

Wir alle, jeder Mensch und auch Tiere, wie man sehr leicht feststellen kann, sind von Natur aus fähig zu trauern. Die Trauerfähigkeit ist etwas, was jedem Lebewesen gegeben ist. Bei uns Menschen, zumal wenn es sich um erwachsene Menschen handelt, ist diese Trauerfähigkeit oft verschüttet und

15

überlagert von tausenderlei Dingen, von Tabus, Ängsten, von Geschäftigkeit und Pflichtbewußtsein, von scheinbarer Sorge um andere, vom Mangel an Stille usw. Ein ganz wichtiges Element der Trauerarbeit ist darum das Erwecken bzw. Wiederentdecken der Trauerfähigkeit. Ich zitiere noch einmal Jorgos Canacakis: »Die Trauer ist uns gegeben, um Schmerzen des Verlustes zu bewältigen. Wenn wir ihr nicht Hindernisse in den Weg stellen, kann sie von selbst fließen und nach außen gelangen. Wenn sie in uns bleibt, kann sie zerstörerisch wirken. Sie tritt selten allein, fast immer intensiv mit anderen Gefühlen vermischt auf. Den Umgang mit ihr lernt man, indem man mit der Hilfe und Unterstützung Gleichgesinnter den Entschluß faßt, sie zu durchleben und nicht zu verstecken.«[3]

Das letzte ist besonders wichtig. Wir entdecken unsere Trauerfähigkeit, indem wir uns entschließen, unsere Trauer zu durchleben. »Ent-decken« muß man etwas, was zugedeckt oder verschüttet ist, aber es ist wohl da, man braucht es nur freizulegen und sich erneut anzueignen. Trauer ist ein Grundgefühl, ebenso wie Freude; Trauer ist Teil unserer Person, unseres Wesens. Canacakis spricht denn auch vom »Trauerwesen«, das irgendwo in uns versteckt ist. Es ist kein mühsamer Prozeß, dies zu entdecken, es geschieht, indem man sich auf seine Trauer einläßt und fühlt, was man fühlt, sich dessen bewußt wird, dabei stillsteht, die Trauer ernst nimmt und sich darauf einläßt.

Ein wesentlicher Teil der Trauerarbeit besteht darin, daß man die inneren Prozesse wahrnimmt, sich auf sie einläßt, sie positiv unterstützt. Dadurch kommt es verstärkt zur Entwicklung von Reife. Trauerarbeit bewirkt – das kann man sehr oft beobachten – einen Reifeschub. Viele sehen auch äußerlich mit der Zeit gereifter aus, sie sind nicht primär gealtert, aber man kann sehen, daß da etwas Spuren hinterlassen hat, die reifer und vom Wesen her auch schöner machen.

16

3. Ziele der Trauerarbeit

Die Ziele der Trauerarbeit sind vielfältig, letztlich geht es um nicht weniger als eine Neugewinnung der Identität mit sich selbst, eine komplette innere Umwandlung des Betroffenen im Trauerprozeß. Wenn ich im folgenden einige Ziele nenne, so bin ich mir dessen bewußt, daß diese Aufzählung nicht vollständig sein kann und auch, daß sich in der Formulierung dieser Ziele durchaus subjektive Erfahrungen widerspiegeln. Dennoch wird die Zielrichtung immer ähnlich sein, auch wenn andere Ziele genannt und andere Formulierungen gebraucht werden.

(1) Die Anerkennung des Geschehenen

Oft liegen, zumal in der Zeit kurz nach Eintritt des Verlustes, Verleugnung und Anerkennung des Geschehenen ganz nahe beieinander. Man »kann es gar nicht glauben« oder sagt mit voller Überzeugung: »Das stimmt einfach nicht«, obwohl man zugleich weiß, daß es wahr ist und unvermeidliche Realität geworden ist. Da wacht man dann nachts auf, und plötzlich wird einem wie mit einem Keulenschlag bewußt, daß dieser Alptraum, der irgendwo ganz dunkel im Raum zu hängen scheint und einen gefangenhält, nicht Traum, sondern Realität ist. Wie ein Gespenst, das sich nicht vertreiben läßt, wirft sich die Bewußtwerdung über einen Menschen. Am Tage geht man durch die Straßen und meint plötzlich den Verstorbenen irgendwo zwischen den anderen Menschen zu erkennen, und für weniger als einen Augenblick ist es, als wäre er gar nicht tot, geht ein Stich durch das Herz – bis das Bewußtsein wieder die Überhand gewinnt. Später, oft noch nach Monaten und in bestimmten Momenten sogar nach Jahren, hat man trotz aller bewußtseinsmäßigen Klarheit spontan das Gefühl: Er oder sie ist gar nicht gestorben, ist gar nicht tot.

Ich bin der Meinung, daß die Verleugnung des Verlustes in ihren verschiedenen Formen durchaus ihre Berechtigung hat und für eine gewisse Zeit notwendig ist. Sie bildet eine Art Schutz, dessen die Seele des Betroffenen zu diesem Zeitpunkt anscheinend (noch) bedarf. Ziel der Trauerarbeit aber ist es, zur Anerkennung des Geschehenen und der neuen Realität zu finden.

(2) Auslösen statt auflösen (verschwinden lassen) der Trauer

Ziel der Trauerarbeit ist es nicht, weniger traurig zu sein – das ist etwas, was sich im Laufe des Prozesses, unterwegs gleichsam, von selbst einstellt, weil die Art des Trauerns und die Ebene, auf der der Verlust beklagt wird, sich ändern. Trauer ist keine Krankheit, man muß sie nicht bewältigen, beseitigen oder hinter sich bringen, sondern durchleben, in ihr reifen. Sie ist das Leben selbst in seiner Gestalt nach dem erlittenen schmerzlichen Verlust. Trauerarbeit zielt darauf ab, sich dieser Situation zu stellen, dem eigenen Leben, den eigenen Gefühlen nicht aus dem Weg zu gehen. Oft wird mir von Mitgliedern einer Trauergesprächsgruppe oder eines Trauerseminars nach der ersten oder zweiten Sitzung etwas vorwurfsvoll gesagt: »Ich dachte, es würde jetzt leichter mit meiner Trauer, aber ich habe das Gefühl, daß es nur noch schlimmer wird!« Diese Gewahrwerdung ist richtig, das Auslösen der Trauer ist in der Anfangsphase sehr viel schwieriger und mit viel mehr Schmerzen verbunden als ihre Verdrängung oder Verleugnung. Das gilt aber nur am Anfang. Nach der ersten Flut, die das Auslösen der Trauer bewirken kann, beruhigen sich die Wellen nach und nach, bilden sich Kanäle, in denen die Trauer fließen und ihr lebensnotwendiges, den Menschen umwandelndes Werk tun kann. Man braucht darum keine Angst davor zu haben, wenn sich zu Anfang des Prozesses Gefühle der Trauer in all ihren Schattierungen z.T. heftig einstellen. Das Auflösen der Trauer hingegen ist eine Illusion: Man kann Trauer verstecken, nicht hinsehen, nicht zu Bewußtsein kommen lassen, oft jahrelang, aber man kann sie nicht wirklich verschwinden lassen. Nicht selten passiert es, daß man auf die Dauer selbst gar nicht mehr weiß, was man da alles verdrängt hat, und man völlig überrascht ist, wenn bei einer anderen Gelegenheit oder sogar ohne jeden erkennbaren Anlaß depressive Stimmungen oder körperliche Symptome auftreten. Dann bedarf es gewaltiger Anstrengung und »Erinnerungsarbeit«, um – wenn man denn überhaupt soweit kommt – die wahre Ursache herauszufinden, wozu es in den meisten Fällen zudem therapeutischer Hilfe bedarf. Ziel der Trauerarbeit ist es, Trauer auszulösen, den Prozeß des Trauerns in Gang zu bringen und zu stimulieren, sich seiner selbst in all dem bewußt zu werden und die Trauer so zu durchleben, daß sie sich entwickeln und fließen kann.

(3) Die eigene Trauer erleben

Trauer ist ein Thema und eine Realität, die in unserer Gesellschaft weitgehend negativ besetzt ist. Es gibt in kaum einem anderen Bereich so viele Tabus und (meist unausgesprochene) Normierungen wie in diesem. Wir sind, um nur ein Beispiel zu nennen, im Bereich der Sexualität inzwischen weitaus aufgeklärter als im Bereich von Sterben, Tod und Trauer. Da ist es wichtig, zu dem stehen zu lernen und stehen zu können, was man mitmacht und empfindet, und sich nicht anderslautenden Vorgaben zu fügen. Das fängt schon bei der Selektion des eigenen Empfindens an: Mancher tut sich sehr schwer darin, zuzugeben, daß er dem Verstorbenen nicht nur nachtrauert, sondern z.B. auch Wut empfindet, weil dieser ihn allein zurückgelassen hat, oder Erleichterung, daß der untragbare Zustand vor dem Tod endlich ein Ende gefunden hat. Es ist schwer, sich auch diese Gefühle einzugestehen, obwohl sie gar nicht »in die Trauer passen«; derartige Gefühle sind tabu. Das wird noch stärker sichtbar, wenn man auch dann nach außen hin trauern muß, obwohl man gerade einmal für einen Moment fröhlich ist oder nach ein paar Tagen oder Wochen für einen Moment »aus Versehen« alles vergessen und von Herzen lachen kann. Wer sich kurz nach dem Tod eines nahestehenden Menschen zu einem Fest begibt, wird nicht selten schief angeschaut: »Da kann doch etwas nicht stimmen« oder: »Ganz so traurig kann es ja nicht gewesen sein«, heißt es dann. Im umgekehrten Sinne wirken Trauertabus, wenn die Allgemeinheit der Meinung ist, daß die Zeit der Trauer vorüber ist. Wenn es einem dann an manchen Tagen passiert, daß man z.B. bei der Nennung des Namens des Verstorbenen oder bei einer beiläufigen Erinnerung an das Vorgefallene plötzlich zu weinen anfängt, dann »muß es doch langsam mal vorbei sein«, da »geht das Leben doch weiter« und »muß man mal auf andere Gedanken kommen« und was dergleichen mehr zu hören ist.

Ziel der Trauerarbeit hingegen ist es, tatsächlich das zu erleben, was man darin mitmacht, und die eigene Trauer zu »erleben«, d.h. sich ihrer nicht nur bewußt zu werden, sondern so mit ihr umzugehen, daß sie zum Leben führt. Denn letzteres ist trotz der manchmal durchaus vorhandenen Sehnsucht, dem bzw. der Verstorbenen »nachzusterben«, die Aufgabe des Hinterbliebenen: Du sollst leben! – Eine Aufgabe, die einem in der Anfangszeit durchaus einmal wie ein Fluch erscheinen mag.

(4) Sich lösen von der Vergangenheit

Die Vergangenheit ist definitiv vorbei, der Verstorbene ist unwiederbringlich fort, der Verlust darf nicht auf immer tonangebend für die Gegenwart sein. Daß man zunächst voll und ganz im Vergangenen befangen ist, ist völlig normal. Aber das Ziel der Trauerarbeit ist es, sich aus dieser »Befangenschaft« zu lösen. Das Vergangene und auch der Verstorbene soll seine Macht über das Gegenwärtige verlieren. Tote haben keine Macht mehr über die Lebenden. Das heißt nicht, daß man sie ignorieren oder verleugnen oder »einfach vergessen« soll, aber ihr direkter Einfluß hat aufgehört zu existieren. Die Toten sind tot, und zwischen ihnen und den Lebenden liegt ein großer, unüberwindlicher Graben – was wiederum nicht heißt, daß es nicht auch andere Formen der Verbindung und der Anwesenheit gibt. Diese Verbindung aber ist von einer ganz anderen Art. Ich werde darauf im zweiten Kapitel noch eingehen.

Der Wegfall des direkten Einflusses hat im übrigen nicht immer nur negative Seiten, man denke z.B. an bedrückende Situationen in einer Partnerschaft oder an eine machtvolle Beschränkung der Freiheit, die Eltern bei ihren Kindern bewirken können.

(5) Das Vermächtnis aufgreifen

Dem gegenüber steht die Tatsache, daß jeder Mensch im Leben etwas hinterläßt, was es aufzugreifen gilt, man »bekommt etwas mit« von einem Menschen, gerade dann, wenn er einem sehr lieb ist. Besonders beim Verlust eines Elternteils kann man als Kind bisweilen innerlich erspüren, wie weit der Vater oder die Mutter in ihrem Leben, in ihrer Entwicklung gekommen ist und wo man selbst weitergehen muß, wo man gleichsam den Stab im Staffellauf übernehmen muß. Man spürt auch, was die Eltern nicht geschafft und geklärt haben und was es im eigenen Leben weiter zu bearbeiten und zu bewältigen gilt. In der Trauerarbeit geht es darum, dieser Entwicklung auf die Spur zu kommen, das geistig-seelische Vermächtnis des Verstorbenen zu erkennen und zu spüren, was man von ihm mitbekommen hat, positiv wie negativ. Ähnliches gilt auch beim Verlust in einer Partnerschaft: Man kann die Impulse, die der Partner zu Lebzeiten gab, auch in sich selbst aufgreifen lernen, sich zu »eigen« machen. Er oder sie kann auch vorübergehend ein »innerer Begleiter« werden, indem man in den Situationen, vor die man gestellt wird, innerlich nachgeht, was er oder sie gedacht, gesagt, getan hätte. So gilt es das Erbe des Verstorbenen im persönlichen Bereich anzutreten.

(6) Eigene Kräfte (re-)aktivieren

In einer engen Beziehung ist es fast immer so, daß der Verstorbene manches im Leben des Hinterbliebenen übernommen hat, was man jetzt wieder aufgreifen kann und muß. In einer Partnerschaft z.B. bleibt solch eine »Verteilung« nie aus, sie ist ein ganz natürlicher Prozeß, denn wir sind als Menschen zwar selbständig und nicht voneinander abhängig, aber zugleich sind wir auch soziale Wesen, wobei der eine eher dies, der andere eher jenes übernimmt. In der Trauerarbeit kann man lernen, nach und nach eigene verschüttete oder in den Schatten gerückte Kräfte wieder aufzugreifen.

Hierzu ein Vergleich: Wenn zwei (oder mehrere) Bäume sehr nahe beieinander stehen, dann bilden sie mit der Zeit gleichsam eine gemeinsame Krone. Das ist faktisch nicht so, denn jeder Baum hat seine eigene Krone, aber der eine Baum entwickelt sich eben mehr zur einen Seite hin, der andere mehr zur anderen, so daß es für einen Betrachter so aussieht, als sei es nur eine einzige Krone, die da von mehreren Stämmen getragen wird. Wenn nun einer dieser Bäume plötzlich gefällt wird, dann sieht es so aus, als sei auch der andere Baum in der unmittelbaren Nähe zur Hälfte oder zu einem Teil weggekappt: Er hat zu dieser Seite keine Triebe, Äste, Blätter entwickelt und steht zunächst einmal für lange Zeit an einer Seite sehr ungeschützt da, ist Wind und Wetter ausgesetzt. Erst nach und nach wird der Baum auch an dieser Seite neue Triebe entwickeln, Äste bilden, die dann immer tragfähiger werden, bis der freigewordene Raum wieder gefüllt ist. Manchmal übernehmen auch andere Bäume einen Teil dieser Fläche. Aber für einen guten Beobachter wird es auch nach vielen Jahren zu erkennen sein, daß da, an dieser Stelle, einmal ein Baum gestanden haben muß, der dort weggekappt wurde.

Es geschieht manchmal, daß der zurückgebliebene Partner es gefühlsmäßig als eine Art von Verrat am anderen erfährt, die gerissene Lücke nach und nach selbst zu schließen. Aber das ist kein Treuebruch, sondern das Aufsichnehmen der »Lebens-Aufgabe«, des Auftrages, selbst weiterzuleben. Es kann in diesem Falle helfen, sich zu fragen, was einem der verstorbene Partner denn jetzt in dieser neuen Situation gönnen würde.

(7) Integration mit offenem Ende

Trauer ist nie »zu Ende«, ebensowenig wie der Verlust selbst je »zu Ende«, d.h. aus dem Leben geschnitten und vorbei ist. Die Möglichkeit besteht, daß das Geschehene zu einem integrierten und sogar konstruktiven Bestandteil des Lebens und der eigenen Lebensgeschichte wird. Natürlich hört die Trauer als solche irgendwann auf, das einzige oder auch nur das vornehmlich bestimmende Element im Leben zu sein. *Wann* dies jedoch soweit ist, bestimmen nicht die gesellschaftlichen Konventionen oder die zu Ende gehende Geduld von Freunden, Verwandten und Kollegen, sondern der innere Fortschritt der Trauerarbeit. Man kann dann von Integration sprechen, wenn das traurige Ereignis keinen übermäßig bestimmenden oder gar hemmenden Einfluß mehr hat, aber trotzdem da sein darf und es nicht so ist, »als wäre nichts gewesen«. Diese Integration tritt dann ein, wenn man im Prozeß des Trauerns nichts überschlagen, sondern alles angeschaut hat, was zur Verarbeitung anstand, und dabei nicht »hängengeblieben« ist, d.h. ab da in der inneren Entwicklung keine Fortschritte mehr gemacht hat. In der Trauerarbeit liegt ein Versprechen, das sich mit der Integration bewahrheitet: »Es wird alles wieder gut, aber nie mehr wie vorher.«[4]

II. Mit der Trauer arbeiten

1. Abschied nehmen

(1) Begegnung mit dem Tod

Die Anerkennung des Geschehenen und das Auslösen der Trauer sind die wichtigsten Schritte am Anfang des Trauerprozesses und der damit einsetzenden Trauerarbeit, so verständlich es auch ist, daß man davor zurückschreckt und alle möglichen Wege geht, daran vorbeizukommen. Diese Anerkennung des Geschehenen beginnt damit, daß man, soweit das möglich ist, ganz bewußt Abschied nimmt. Einen solchen Abschied muß man tatsächlich *nehmen,* denn er wird einem nicht in den Schoß geworfen und geschenkt. Man sieht sich mit der Tatsache konfrontiert, daß ein Mensch sich verabschiedet hat. Dieser Abschied wird einem regelrecht vorgesetzt, so unverdaulich er auch erscheinen mag – aber das ist (erst) der Abschied, den der andere genommen hat. Man selbst muß sich noch verabschieden, auch wenn man womöglich alles andere lieber möchte als dies. Abschied *nehmen* heißt in diesem Zusammenhang, sich der »gegebenen« Situation auszusetzen, sich bewußt auf sie einzulassen, ihr gleichsam in die Augen zu schauen. Deshalb empfehle ich jedem, wenn es irgendwie möglich ist, sich den Leichnam der verstorbenen Person noch einmal anzuschauen, dabei zu verweilen und sich so ganz bewußt zu verabschieden. Sie dürfen Ihren Toten durchaus berühren – es gibt kein »Leichengift«, die Geschichten darüber sind Ammenmärchen: Das Berühren einer Leiche ist genauso »gefährlich« oder »giftig« wie das Berühren eines lebenden Menschen, und nur im Falle der Infektionsgefahr durch eine ansteckende Krankheit ist davon abzuraten. Die Konfrontation mit dem Tod wird durch die Konfrontation mit dem Toten versöhnlicher, milder; indem man den Toten betrachtet und berührt, bei ihm verweilt und ihm mit seinen Gedanken und Gefühlen nachhängt, wird der Tod selbst »be-*greif*-licher«, wird der Abschied nachvollziehbarer. Die Angst davor, später immer nur mit diesem Bild des Toten in sich leben zu müssen, ist nur in ganz wenigen Ausnahmefällen auch tatsächlich berechtigt, dann nämlich, wenn es z.B. durch einen Unfall gewaltige Entstellungen gab oder wenn man selbst durch Ereignisse in der eigenen Vergangenheit traumatisiert ist. Das Bild des toten Menschen gehört ebenso zu ihm wie die vielen Bilder, die man sich von ihm als Lebendem eingeprägt hat. Es ist zweifellos ein besonderes und wertvolles Bild – aber es ist nicht abschreckend oder absolut beherrschend, es wird sich auf die Dauer in die Reihe der anderen Bilder einreihen. Auch der vielfach geäußerte Satz: »Ich möchte ihn so in Erinnerung behalten, wie er war« ist im Grunde nichts anderes als Angst und Verdrängung. Er bedeutet nämlich im Klartext: »Ich möchte ihn als Lebenden in Erinnerung behalten«; »Ich möchte ihn nicht als tot erfahren«; »Er darf nicht tot sein« – eine Verleugnungsstrategie in einem scheinbar plausiblen Mäntelchen, wobei man nicht selten auch sich selbst hinters Licht führt. Natürlich hat auch eine solche Verleugnungsstrategie ihre Berechtigung, denn sie dient dem Schutz der Seele vor Dingen, die im Augenblick nicht oder nur schwierig zu bewältigen sind. Es ist also sicher nicht angebracht, auf jemanden in dieser Hinsicht Druck auszuüben. Oft aber ist es nur der *Gedanke* der Konfrontation, der einem Menschen Angst macht, die Schwelle zum toten Körper des geliebten Menschen. Diese Schwelle aber ist nur in Gedanken hoch, in der Praxis ist sie sehr leicht zu überwinden. Die Erfahrung zeigt immer wieder, daß die Angst vor dem Anblick des Toten nicht der Realität entspricht, sondern eher einem Mangel an Trauerkultur in unserer Gesellschaft entspringt, in der Verdrängung als ein legitimes Mittel der »Bewältigung« gesehen wird. Diese Einsicht hat sich gottlob auch immer mehr in Krankenhäusern und Bestattungsinstituten herumgesprochen, so daß es heute in den meisten Fällen kein Problem mehr darstellt, sich den Toten noch einmal anzusehen.

Die Konfrontation mit dem Toten löst die Trauer aus. Sie ist kein Schreckensbild, sondern eine wertvolle Hilfe beim Abschied: Man hat diesen Menschen noch einmal gesehen, ihn als Toten erfahren, berührt. Man »weiß« nicht nur, daß er tot ist, sondern hat es mit allen Sinnen erfahren können, man hat es gespürt, gesehen, gerochen(!), getastet. Ich kenne Menschen, die nach mehreren Jahren der Trauer um einen Toten immer noch das Gefühl haben, er sei nicht wirklich tot – obwohl sie es im Kopf wissen, daß es anders ist, aber sie haben es nicht echt gespürt, nicht mit ihren Sinnen vollzogen. Ich kann Ihnen nur raten, diese Konfrontation anzugehen und so ganz bewußt Abschied zu *nehmen*.

Es ist schön, wenn man ein paar Blumen zu diesem »Abschiedsbesuch« mitbringt oder Fotos und Gegenstände, die man dem Verstorbenen mitgeben möchte. Kinder malen oder zeichnen oft gern etwas dazu – auch eine wichtige Form der Trauerarbeit, die durchaus nicht Kindern vorbehalten sein muß. Man kann auch als Erwachsener so seinen Gefühlen Ausdruck verleihen; man kann dem Verstorbenen noch einen Brief schreiben, den man mit in den Sarg oder mit ins Grab legt – der Phantasie sind darin wenig Grenzen gesetzt.

(2) Die Trauerfeier

Ein zweites Element im Abschiednehmen ist die Trauerfeier. Sie enthält viele wertvolle und sinngebende rituelle Elemente, die ich im folgenden einmal kurz ansprechen möchte. Gerade in der konfrontierenden Situation des Todes bedarf es solcher Riten, deren Ursprung oft sehr weit zurückgeht und die eine gewaltige Kraft in sich bergen für den, der sie bewußt vollzieht. Man überschlägt etwas sehr Wesentliches im Prozeß der Trauer, wenn man sich durch eine anonyme Beisetzung der Trauerfeier (aber eben nicht der Trauer!) entzieht. Falls der Verstorbene selbst um eine solche anonyme Beisetzung gebeten hat, spricht im übrigen wenig dagegen, dennoch eine Trauerfeier zu halten und später die Urne anonym beisetzen zu lassen. Im Einzelfall bin ich geneigt zu erwägen, ob man sich diesbezüglich nicht sogar über den

Willen des Verstorbenen hinwegsetzen sollte, und zwar dann, wenn er z.B. auch verfügt hat, daß keine Trauerfeier stattfinden soll. Das mag für ihn rechtens sein, aber es ist Aufgabe der Lebenden, für sich den Abschied von ihm zu vollziehen und zu gestalten. Hierbei soll der Wille des Verstorbenen natürlich ein wichtiger Faktor sein, aber nicht der einzig entscheidende.

Was die Gestaltung der Trauerfeier betrifft, möchte ich Ihnen raten, sich soweit wie möglich aktiv daran zu beteiligen. Allein schon die gedankliche Beschäftigung damit ist ein gewaltiges Stück Trauerarbeit, das man keinem Trauernden vorenthalten sollte. Es erfordert ein wenig Anstrengung und Kreativität, aber diese Mühe lohnt sich im nachhinein immer. Reden Sie also ruhig mit bei der Musikauswahl, bei der Wahl der Texte, bei der Ausstattung der Friedhofskapelle. Oft gibt es auch z.B. ein Musikstück, das dem Verstorbenen etwas bedeutet hat oder das für ihn auf eine besondere Art typisch war. Dasselbe gilt für bestimmte Prosatexte, Gedichte oder Gebete. Nicht jedem ist es gegeben, selbst ein paar Worte zur Feier beizutragen – man kann diese Worte auch aufschreiben und vorlesen lassen, wenn man es sich nicht zutraut, in dieser Situation laut zu sprechen. Ich habe es oft genug mitgemacht, daß ein oder zwei Sätze aus dem Mund eines Nahestehenden viel mehr sagen als eine ganze Predigt, die selten so nahe sein kann wie eben solche Äußerungen. Ein guter Trauerredner wird auch das Einfühlungsvermögen haben, improvisierend ein paar Sätze der Angehörigen aufzugreifen und sie somit in ihren Äußerungen zu unterstützen und zu stimulieren.

Wenn Sie nicht unbedingt auf der Durchführung der Feier durch einen Geistlichen bestehen, sollten Sie sich nicht scheuen, sich an einen freien Theologen und Trauerberater zu wenden; die erforderlichen Mehrkosten sind im Verhältnis zu den Gesamtkosten der Bestattung sehr gering. Jedenfalls ist man so sicher, daß man auf eigene Art Abschied nehmen und -feiern kann.

Es geht in der Trauerfeier übrigens nicht vorrangig um die

Würdigung des Toten – diese muß gewährleistet sein –, sondern an allererster Stelle um den *Abschied der Lebenden* von einem Menschen, der ihnen lieb war und bleiben wird. Es ist darum nicht falsch, von einer »Abschiedsfeier« zu sprechen, auch wenn das Wort »Trauerfeier« im echten Sinne als ein Feiern dessen, was jetzt um diesen Menschen einsetzt, die Trauer, mir sehr lieb ist. Keinesfalls sollte man jedoch von einer »Totenfeier« sprechen, dies würde m.E. den Sinn derselben völlig verfehlen.

Ein paar Elemente einer solchen Trauerfeier möchte ich jetzt anführen und in ihrer Bedeutung zumindest ansatzweise beschreiben. Natürlich ist diese Aufzählung nicht vollständig, umgekehrt muß auch nicht jedes der hier genannten Elemente in jeder Trauerfeier vorhanden sein.

Als erstes geht es um die *Gemeinschaft* derer, die dort zusammenkommen. Man trifft sich, um gemeinsam Abschied zu nehmen. Die Gemeinschaft derer, die sich dort um den Verstorbenen versammelt haben, ist vielleicht die einzige Gemeinschaft, die den Angehörigen jetzt übrigbleibt. Wichtig ist, daß der Verstorbene bzw. seine sterblichen Überreste auch tatsächlich da sind, daß also der Sarg oder die Urne den Mittelpunkt dieser Feier bilden. Ein wenig Musik im Raum, still im Hintergrund klingend, vermittelt den hereinkommenden Trauergästen etwas Geborgenheit. Der Leiter der Trauerfeier, in der Regel der Pastor oder der freie Redner, sollte die Ankommenden (wenn möglich persönlich) begrüßen, um so auch ein Gefühl der Zusammengehörigkeit, das in diesen Momenten sehr wichtig ist, zu vermitteln. Auf gar keinen Fall sollte er wie ein mittelalterlicher Fürst erst dann hereinkommen, wenn alle schon da sind, die sich dann womöglich auch noch zu seinem Einzug zu erheben haben. Die förmliche Begrüßung, das Willkommen und die Einführung in die für die Anwesenden so ungewöhnliche Situation sind ebenfalls gemeinschaftsstiftende Elemente.

Die Trauerrede hat eine doppelte Funktion: Zum einen soll sie den Verstorbenen darstellen, d.h. ihn zu diesem Moment noch einmal in einigen Aspekten vor Augen führen, indem man z.B. etwas über ihn, seine Biographie, seine Art zu leben usw. erzählt. Zum anderen soll sie der Trauer der Angehörigen einfühlsam Worte verleihen, da diese jetzt meistenteils nicht in der Lage sind, ihre Gefühle zu sortieren und in Worte zu fassen. Die Trauerrede bedarf einer großen inneren Stille und einfühlsamen Nähe, sie sollte keine Floskeln und Allgemeinplätze enthalten, denn diese beschwichtigen vielleicht, aber sie trösten nicht wirklich. Es darf auch durchaus einen Moment der Stille, des stillen Gedenkens geben, eventuell mit etwas Musik untermalt, so daß die Anwesenden angeregt werden, sich selbst Gedanken zu machen und so den Abschied gleichsam aktiv mitzugestalten. Schließlich sind sie es, die in diesen Minuten Abschied nehmen müssen, und es gibt keinen, der das für sie tun könnte. Die Trauerrede soll die Trauer der Angehörigen ansprechen und sie auslösen helfen, ohne dabei »auf die Tränendrüse zu drücken«. Der wichtigste inhaltliche Teil der Trauerrede ist das Leben des Verstorbenen selbst, er soll in der Rede »er-innert«, d.h. innegebracht, präsent werden, damit man sich von ihm verabschieden kann. Natürlich wird seine Biographie dabei eine wichtige Rolle spielen, aber auch Charaktereigenschaften oder typische Anekdoten aus seinem Leben. – Am Ende der Trauerrede steht die Überleitung zum definitiven Abschied in der Beisetzung oder im Falle einer nachfolgenden Einäscherung zu einer Abschiedsgeste.

Der Weg zum Grab: Man geht symbolisch die letzten Schritte hinter einem Menschen her bis zu dem Augenblick, da man ihn definitiv abgeben muß. Es ist ein eher meditatives Geschehen, und es ist gut, dieses ganz bewußt zu erleben, auch unter dem Aspekt, daß man selbst diesen Weg geht als Lebender, daß man Boden unter den Füßen spürt, Boden, der trägt in einer oft unerträglichen Situation. Persönlich ziehe ich für diesen Weg das Schweigen vor, auch aus Respekt vor denen, die für ihren Schmerz keine Worte finden. Aber ich habe auch schon Abschiedsfeiern erlebt, bei denen unterwegs gesprochen wurde, ohne daß ich das Gefühl hatte, hier würde über etwas hinweggegangen. Wichtig scheint mir, daß man in jeder Hinsicht »den Weg geht« in dem Bewußtsein, daß es sinnfällig der letzte Weg mit einem Menschen ist, der sich aus dieser Welt verabschiedet hat.

Im Gegensatz zu mancherorts herrschenden Gepflogenheiten bin ich durchaus dafür, den Sarg bzw. die Urne in Anwesenheit der Trauernden zu versenken und den toten Körper so ganz bewußt der »Mutter Erde« anzuvertrauen, aus der alles Stoffliche genommen ist. Eine schöne Geste besteht darin, den Sarg bzw. die Urne selbst mitzutragen und an die Erde abzugeben, gleichsam als die innerlich und manchmal auch äußerlich anstrengende Fügung in das unabwendbare Geschehen. Wenn man selbst dazu nicht imstande ist, den Sarg mitzutragen, kann man vielleicht jemanden aus dem Freundeskreis oder der Nachbarschaft darum bitten – es ist in den meisten Fällen besser, als wenn plötzlich ein paar unbeteiligte Männer in schwarzer Robe die Trauerfeier jäh beenden und in Richtung auf das Grab streben.

Am Grab stehend kann ein Wort der *Vergebung* angebracht sein. Die Bitte um Vergebung, an den Verstorbenen gerichtet, und umgekehrt zumindest die Bereitschaft, auch ihm zu verzeihen, ist eine wichtige Voraussetzung dafür, daß nach und nach Frieden im Innern einkehren kann.

Der *Abschied* selbst bedarf einer Geste, einer Form der Segnung. Wenn man sich im Leben von jemandem verabschiedet, wünscht man ihm »Alles Gute«, man segnet ihn mit Worten oder Gesten, wobei vielleicht erwähnt werden muß, daß das Segnen kein kirchliches Privileg ist und auch die Segnungsgeste nicht unbedingt immer nur ein Kreuzzeichen sein muß: Es kann auch eine ausgestreckte, schützende Hand sein, es kann der Kuß auf die Blume sein, die man dem Verstorbenen ins Grab wirft, es kann ein letztes »Mach´s gut!« sein, das man ihm nachruft, eine Kerze, die man brennen läßt, oder was auch immer man in diesem Zusammenhang bedenken mag. Die Geste kann je nach der Art und Intensität der Bindung mit dem Verstorbenen individuell sehr verschieden sein.

Zuletzt noch ein Wort zum »Leichenschmaus« oder »Reu-Essen«, wie man in manchen Gegenden *die Kaffeetafel nach der Beisetzung* nennt. Nicht wenigen Menschen widerstrebt dieses Beisammensein, zumal es in der Vergangenheit mancherorts zu eher abschreckenden Beispielen geführt hat. Dennoch bin ich der Meinung, daß die »Gemeinschaft der Lebenden« sich in einer solchen Art und Weise angemessen ausdrücken kann und daß darin auch einiges an Tröstendem für die Angehörigen liegt. Das Gemeinschaftselement sollte hierbei obenan stehen, auch eine gewisse Geselligkeit – warum nicht? Oft sind es Familientreffs, die auch die Gelegenheit bieten, Kontakte neu zu knüpfen oder zu reaktivieren. Es geht bei diesem Zusammenkommen um eine Überleitung der Trauerfeier (und der Trauer) in das Leben des Alltags, denn da ist der »Ort«, an dem sich der Trauerprozeß fortsetzt und vollzieht. Ich halte diesen Schritt für sehr wichtig, und die Kaffeetafel im Anschluß an die Beisetzung ist ein Ritus, der helfen kann, diesen Schritt zu vollziehen.

2. Sich der Trauer stellen

Die beiden gerade aufgezeigten Schritte des Abschiednehmens implizieren bereits etwas, was für den gesamten Verlauf des Trauerprozesses gilt, nämlich daß man sich seiner Trauer stellt, sich auf die vorgefundene dramatische Situation einläßt, ihr nicht ausweicht, sie nicht verdrängt, sondern im Gegenteil sie so bewußt wie möglich aufgreift und erlebt. Nichts ist in dieser Zeit wichtiger als das Durchleben der Trauer. Was aber heißt es konkret, sich der eigenen Trauer zu stellen, und wie fange ich das an, was kann ich selbst dazu tun? Im folgenden möchte ich einige Wesenszüge dieser Anfangsphase der Trauer aufzeigen und dazu ein paar ganz konkrete Tips geben, die aus meiner Arbeit mit Trauernden erwachsen sind.

(1) Das »ganz normale Chaos der Trauer«[5]

Das erste und wichtigste ist, daß man weiß, daß jetzt nichts mehr ist wie vorher. Alles hat einen anderen Platz bekommen, ist (im wörtlichen Sinne) »ver-rückt«. Die Mitte des Lebens, sowohl die eigene Mitte der Person als auch die, die im Zusammensein mit dem Verstorbenen gegeben war, ist wie weggewischt, der feste Punkt im All ist verschwunden. Sich dem zu stellen heißt allererst, dieses »ganz normale Chaos« der Trauer zu akzeptieren. Der erlittene Verlust wirft einen Menschen aus den gewohnten Bahnen, man ist völlig aus dem Gleichgewicht. Die gewohnten bewußten und unbewußten Strategien, damit fertig zu werden und sich zu »fangen« (notabene: man »fängt« etwas, was fällt), greifen nicht mehr, man fällt tatsächlich hart auf den Boden oder gefühlsmäßig oft mehr noch in ein bodenloses Loch. Bei den meisten Menschen ist das kurze Zeit nach der Beisetzung der Fall, wenn die äußeren Wogen sich ein wenig geglättet haben und nichts mehr zu regeln und abzurunden ist, bei anderen aber kommt es manchmal erst nach einigen Monaten, in einigen Fällen auch erst nach Jahren. Die gewohnte, »erwachsene« Art, mit Gefühlen und Konflikten umzugehen, bricht unter dem Drängen der Trauer und der Dramatik dieses Erlebens zusammen. So weiß man oft gar nicht, wie man mit all den jetzt auftauchenden Gefühlen umgehen und sich in diesem Zustand verhalten soll, und man fällt automatisch und meist unbewußt zurück in Mechanismen, wie man sie als Kind kannte, um mit unbekannten Situationen fertig zu werden. »Regression« heißt dieser Rückgriff auf Verhaltensweisen, die man entwicklungsmäßig bereits hinter sich gelassen hatte. Der eine »schaltet auf stur«, ein anderer hat eher die Neigung, zu jammern und zu quengeln oder vor Wut auf den Boden zu stampfen; wieder ein anderer verstärkt das Gefühl der eigenen Hilflosigkeit noch mehr, um so andere zur Unterstützung und Hilfe zu gewinnen, andere ergreifen innerlich die Flucht und wissen oft nicht einmal selbst, wovor sie eigentlich fliehen. Oft sind es genau die Verhaltensweisen, die man als Kind »einstudiert« hat und die jetzt gleichsam die »erwachsenen« Strategien ersetzen, da diese nicht mehr greifen. Für vertraute Personen in der näheren Umgebung ist dieses Verhalten, wenn sie es nicht durchschauen, befremdend und irritierend und führt nicht selten zur Abweisung und damit für den Trauernden in die Isolation – was den dramatischen Prozeß nur noch verstärkt, da jetzt auch noch die »gewohnte« Orientierung an der Umgebung abbröckelt. Nicht wenige Trauernde zeigen dann nach außen hin ein »normales« Verhalten, innerlich aber herrscht ein gewaltiges Chaos, das sie früher oder später einholt. Die Orientierungslosigkeit und die Verzweiflung schlagen so gleichsam nach innen um und führen zu depressiven Stimmungen, im Extremfall zu innerer Abspaltung und zu unkalkulierbaren Reaktionen. Die Frage, die ich dann oft zu hören bekomme, lautet: »Bin ich denn noch normal?«

Einige Tips für eine solche Situation:

Das Wichtigste ist, daß man in irgendeiner Form im Kontakt mit anderen bleibt. Das gilt für ganz alltägliche und oberflächliche Kontakte, aber mehr noch für intensivere Beziehungen. Gerade dann darf man einen Trauernden nicht alleine lassen, und er selbst darf sich dem Sog der Isolation nicht ausliefern. Die Teilnahme an einer regelmäßig stattfindenden (und fachkundig geleiteten) Trauergesprächsgruppe kann jetzt heilsame Wunder vollbringen. Man sollte sich auch nicht scheuen, professionelle Hilfe (Trauerbegleiter, Seelsorger, Therapeuten) in Anspruch zu nehmen, auch wenn es vielleicht (wie jede professionelle Dienstleistung) etwas kostet: Komischerweise ist für uns ein Stundenpreis von € 50,– und mehr in einer Autowerkstatt ja ohne weiteres hinnehmbar, aber unser Seelenheil(!) ist uns dies oder nur einen Teil dieses Betrages offensichtlich nicht wert.

Noch ein Tip: Es mag banal klingen, ich sage es trotzdem: Gerade in dieser Periode (und die kann monatelang dauern) ist Beschäftigung eine große Hilfe. Je mehr diese festgelegt ist, desto besser. Arbeit, im Beruf oder ehrenamtlich, aber auch die Beschäftigung im Haus, in der Wohnung mit festen Zeiten ist ein gutes Mittel. So entstehen ein paar Fixpunkte im Tagesrhythmus und Schutzräume, in denen man nicht andauernd von seinen Gefühlen überrannt wird. Scheuen Sie sich nicht, sich speziell aus diesem Anlaß eine Arbeit zu suchen – alles ist besser, als zu Hause zu sitzen und zu warten, bis jemand kommt oder bis »die Decke einstürzt«.

Eine Beschäftigung ganz anderer Art (auch zusätzlich zum gerade Gesagten) ist – wiederum ganz banal, aber sehr wirkungsvoll – ein Hund: Man »muß«, wenn er »muß« – und wenn man wieder einmal alleine nach Hause kommt, dann ist zumindest ein kleines bißchen Leben in der Wohnung. Schon mancher Hund ist so auf eine ungewohnte Art zum Lebensretter geworden!

Was auch zur Orientierung beiträgt, ist der Besuch von Vorträgen, Kursen und ähnlichem. Es gibt in ganz Deutschland, auch auf dem Land, ein derartiges Angebot, z. B. bei den Volkshochschulen oder diversen Bildungswerken. Wenn Sie in (der Nähe) einer Stadt wohnen, haben Sie auch die Möglichkeit zu einem Konzertbesuch – Dinge, bei denen das Alleinsein nicht so auffällt, weil es dort durchaus gängig ist, auch alleine aufzutreten.

Das Lesen von Büchern über Trauer, Krisen und dergleichen bekommt nach meiner Erfahrung bei den meisten Menschen erst in einer späteren Phase einen Platz, dann nämlich, wenn ein klein wenig reflektorischer Abstand zum Verlust und den eigenen Gefühlen im Zusammenhang damit gegeben ist. Dann allerdings ist es sehr empfehlenswert, weil es hilft, die eigene Orientierung wiederzugewinnen bzw. neu aufzubauen.

Man sollte diese Zeit der Trauer bei sich und anderen sehr ernst nehmen. Die Trauerperiode ist eine ungewollt hereinbrechende, aber darum nicht minder entscheidende Lebensphase, in der die Weichen für die Zukunft neu gestellt werden. Es gibt für den Betroffenen jetzt im Grunde nichts Wichtigeres als das Durchleben der Trauer. Natürlich muß man das Lebensnotwendige tun und in Gang halten, aber innerlich ist der Weg durch den Trauerprozeß das alles umfassende Thema.

(2) Ein besonderes Problem: Besondere Zeiten

In der Situation des Trauernden gibt es besondere Zeiten, die besonderer Aufmerksamkeit bedürfen; angefangen mit der »normalen« Freizeit nach Feierabend und vor allem am Wochenende. Diese Zeiten waren vor dem Verlust ganz anders ausgefüllt als man sie jetzt ausfüllen kann. Da hilft es wenig, wenn man sich in klaren Momenten vielleicht zurückbesinnt auf Dinge, »die man immer schon mal tun wollte« und nie tun konnte, weil er oder sie ja immer da war, für den man sorgen mußte oder mit dem man so selbstverständlich zusammen war. Man ist innerlich viel zu sehr »besetzt« und mit anderen Gedanken beschäftigt, um wirklich offen zu sein für neue Dinge und Aktivitäten, wobei es oft auch eine innere Leere ist, die einen befangen macht. Verstärkt tritt dieses Phänomen in Urlaubszeiten auf: Wo soll man denn schon hin – allein? Eine Bekannte, die ihren Partner verloren hatte, sagte mir: »Ich habe immer davon geträumt, einmal nach Amerika zu fliegen und in San Francisco über die Golden Gate Bridge zu fahren. Nie war das möglich, weil er Angst vor dem Fliegen hatte. Jetzt könnte ich mir diesen Wunsch ohne weiteres erfüllen – aber ich habe überhaupt keinen Spaß mehr daran. Schon der Gedanke, daß ich da allein oder von mir aus noch mit ein paar Freunden, auf jeden Fall aber *ohne ihn* über die Brücke stolziere, macht mich krank.« Man nimmt eben seine Einsamkeit und die ganze Situation, in der man steckt, mit an jedes Ziel der Erde. Von den Menschen in der Umgebung des Trauernden erfordert es sehr viel Einfühlungsvermögen und ein genaues Hinhören, um das richtige Maß zu finden, was man einem Trauernden darin zumuten kann, wohin man ihn »mitnehmen« kann und sollte und wo er seine momentane Grenze erreicht hat. Möglich ist auch die klare Absprache, daß man ihn z.B. zu einer Veranstaltung mitnimmt, es aber so einrichtet, daß er diesen »Ausflug« jederzeit für sich abbrechen und nach Hause fahren kann in dem Wissen, daß keiner ihm dies übelnimmt oder sich mit übergroßer Nachsicht nach dem Weshalb und Warum erkundigt, sondern dies einfach hinnimmt, weil es vorher als mögliche Option so abgesprochen war.

Besonders dramatisch sind bestimmte Festtage, wie z.B. Weihnachten, Neujahr oder in manchen Regionen die Karnevalszeit. Da gibt es Momente, in denen man als Trauernder am liebsten gar nicht auf der Erde sein möchte! Zum Beispiel wird selbst ein gut und offen gemeintes »Komm doch Weihnachten zu uns« nur allzu schnell als »Mitleidsaktion« (miß-) verstanden, wobei einem selbst nicht recht klar ist, wo die Grenze zwischen Ablehnung, Stolz und Selbstmitleid liegt. Wenn man tatsächlich auf eine solche Einladung nicht eingehen kann oder möchte oder man vielleicht gar keine Einladung erhält, dann plädiere ich dafür, sich der bestehenden Situation offen zu stellen und (im Beispiel) den Heiligabend tatsächlich alleine zu verbringen, ihn für sich so zu gestalten, wie einem zumute ist, und vielleicht am ersten oder zweiten Weihnachtstag, gleichsam souverän, andere Leute aufzusuchen. Man kann auch einmal in Einsamkeit ein Fest begehen, ein Festessen herrichten oder vielleicht vor lauter Wehmut in die Badewanne steigen – nächstes Jahr wird die Situation wieder etwas anders sein.

Ein anderes wichtiges Beispiel für solche »besonderen Zeiten« sind Jahrestage (»Jahrgedächtnis«) oder der Geburtstag des Verstorbenen oder der Hochzeitstag – Tage, an denen die Erinnerung an den Verstorbenen besonders schwer wiegt. Es sind Tage, an denen man als Trauernder das heulende Elend bekommen kann. Dennoch (oder gerade deswegen) plädiere ich aus der Erfahrung im Umgang mit vielen Trauernden dafür, diese Tage ganz bewußt zu begehen, sie als Gedenktage zu gestalten und in aller Form zu feiern. Hier ein Beispiel dafür:

Ein etwa 50-jähriger Mann aus einem meiner Trauergesprächskreise hat durch einen tragischen Verkehrsunfall seine Frau und seine älteste Tochter verloren. Was dies für ihn bedeutet, kann man als Außenstehender eigentlich nicht ermessen, geschweige denn beschreiben. Der Jahrestag des Unglücks nahte, und er beriet sich mit seinem Schwiegersohn, dem Witwer seiner Tochter, über diesen Tag und darüber, wie sie ihn verbringen wollten. Am liebsten, so gestand er mir später, hätte er sich ins Auto gesetzt und hätte das gleiche Schicksal erlitten wie seine beiden Lieben. So aber sind sein Schwiegersohn und er zusammen mit der jüngeren Tochter an diesem Tag zum Unfallort gefahren, sie haben dort angehalten, ein paar Blumen hingelegt und zwei Kerzen entzündet, haben ein paar Minuten in Stille weinend dort gestanden und anschließend auf einem kleinen Spaziergang ihren Kummer, aber auch ihre Erinnerungen geteilt und sind dann gemeinsam essen gegangen. Sie haben beschlossen, fortan jedes Jahr an diesem Tag zusammenzukommen, auch dann, wenn sie irgendwann einmal in alle Winde zerstreut leben sollten, denn es gab einen Augenblick in ihrem Leben, der sie auf ganz tragische Art und Weise für immer verbunden hat. Das war ihr »Jahrgedächtnis«.

Mir hat das gewaltig imponiert, und es hat mir zudem gezeigt, wie positiv es wirken kann, wenn man einer »gegebenen« Situation nicht ausweicht, sondern sie aufgreift und die versteckte Chance sucht und entdeckt, die sie, allem zum Trotz, bietet.

3. Selbst am Leben bleiben

Gerade beim Verlust des Lebenspartners oder eines Kindes entsteht beim Trauernden nicht selten der Wunsch, dem Verstorbenen »hinterherzusterben«. Ich halte diesen Wunsch für verständlich und kann ihn als Ausdruck des vorherrschenden Gefühls in dieser Situation auch akzeptieren. Manchmal kleidet sich dieser Wunsch auch weniger heroisch oder romantisch in glatten Defätismus und Depression: »Jetzt ist doch sowieso alles egal«, oder: »Ich wünschte, daß ich morgen früh nicht mehr aufwache«. Hinter diesem Wunsch, nachzusterben oder selbst bald nicht mehr leben zu brauchen, verbirgt sich im Grunde Verleugnung oder Abwehr: Der Trauernde will (kann) nicht wahrhaben, daß der geliebte Mensch tot ist und er selbst lebt. Oder der Schmerz über den Verlust erscheint ihm als so unerträglich, daß er lieber tot wäre. Man kann in solche Gedanken und vor allem in eine solche Stimmung ganz versinken, und ich kenne Menschen, die auf diesem Wege – ganz ohne äußere Gewalt an sich zu legen – ihrem geliebten Verstorbenen »nachgestorben« sind, oftmals mit Phantasien, daß der Tote sie gleichsam von der anderen Seite herüberlockt und bittet nachzukommen. Aber der Sinn der Verlustsituation – wenn es denn einen solchen »Sinn« gibt – kann niemals sein, auch sich selbst noch in den Verlust mit einzubeziehen. Ich glaube, daß gegen derartige Stimmungen, die eine gewaltige Sogwirkung ausüben können, nichts hilft, als ihnen energisch Einhalt zu gebieten, ähnlich wie Jesus in der Wüste der Versuchung am Ende mit einem klaren Nein die Stirn bietet.[6] Also bitte: Erkennen Sie, daß Sie immer noch leben und daß es nicht der Wunsch des Verstorbenen ist, Sie zu töten, sondern Ihr eigenes Verlangen – so verständlich es im einzelnen auch sein mag. Wohl dem Trauernden, der in solchen Augenblicken jemanden um sich hat, der ihm glaubhaft vermitteln kann, daß es für ihn wichtig ist, daß er weiterlebt.

Aber auch wenn man ganz allein aus diesem Sumpf herauskommen muß, kann man es schaffen. Manchmal hilft der nüchterne Gedanke, sich zu fragen, was der Verstorbene einem denn jetzt gönnen würde, wenn er noch leben würde. Es ist ungeheuer schwer, jemanden loslassen zu müssen und ihn seines Weges ziehen zu lassen, ohne etwas dagegen tun zu können. Aber Tatsache ist, daß *der Verstorbene* sich – wie auch immer – verabschiedet hat. Es war *sein* Los, aus dem Leben zu gehen, nicht *mein* Los. Weinen Sie ruhig, aber nicht nur und nicht immer! Ein ganz einfaches und dennoch sehr bewährtes Hilfsmittel ist, daß Sie, wenn Sie traurig sind oder dunkle Gedanken Sie beherrschen, einmal ganz nüchtern auf die Uhr schauen und für sich selbst beschließen: Nach einer halben Stunde ist es erst einmal genug damit, dann tue ich etwas anderes! Es gibt dabei nichts zu verlieren – verloren haben Sie ja schon!

Dabei möchte ich auf einen wichtigen Unterschied zwischen Traurigkeit und Depression hinweisen: Durch die Traurigkeit bewegt sich etwas im Innern, und auf die Dauer tritt eine positive Änderung ein; in der Depression bewegt sich nichts, im Gegenteil, alles wird blockiert.

Eine Übung, die weiterhilft, wenn man (wieder) ein wenig zu sich gekommen ist und seinen Stimmungen nicht völlig erliegt, ist die folgende: Schreiben Sie mindestens fünf Gründe auf, warum es sich lohnt zu leben! Diese Gründe können Personen sein, für die Sie dasein wollen oder sollen, es können Gedanken oder Gefühle sein, die einem wichtig sind, oder Aufgaben, die man im Leben noch nicht erfüllt hat oder die man sich jetzt, in diesem Moment, neu stellt. Man kann diese Übung auch nach einiger Zeit wiederholen – Sie werden sehen, daß manches sich dabei ändert, andere Prioritäten gesetzt oder neue Dinge sichtbar werden, die man zunächst gar nicht erkannt hatte.

Neben dem reinen Überleben der scheinbar(!) unerträglichen Situation gibt es auch noch anderes, was man gleichsam wieder neu lernen muß. Gerade jetzt, wo die Seele regelrecht unter Streß steht, ist es wichtig, *sich selbst einmal bewußt etwas Gutes zu tun,* auch wenn es vielleicht anfangs schwerfällt, einen faden Beigeschmack hat oder man eigentlich gar keine Lust dazu hat, sich überhaupt zu etwas aufzuraffen. Machen Sie sich selbst ein Geschenk, gehen Sie in die Sauna, wenn Sie das gerne tun, ins Fußballstadion oder machen Sie einen Einkaufsbummel oder essen Sie das große Eis, das Sie schon immer mal essen wollten – durchaus profane Dinge, die aber ihre Wirkung selten verfehlen. Sie brauchen zum jetzigen Zeitpunkt nicht die Welt zu reformieren oder sich selbst mit aller Konsequenz am Riemen zu reißen. Jetzt ist es gut, auch einmal fünf gerade sein zu lassen, sich auch einmal etwas Oberflächlichkeit zu gönnen, gerade weil die Seele in die Tiefe der eigenen Existenz »abgetaucht« ist.

Ein besonderes Problem im weiteren Verlauf des Trauerprozesses bilden die »Rückschritte« oder »Rückfälle«, die in der Trauerverarbeitung immer wieder auftauchen. Da wird man plötzlich mit Gedanken und Gefühlen konfrontiert, von denen man meinte, sie längst schon »hinter sich« zu haben. Trauerarbeit aber ist ein Prozeß, der viel eher spiralförmig als geradlinig verläuft. Man kann auch von fortlaufenden Spiralen sprechen, die sich ähnlich wie Wellen immer wieder nach einer kurzen Strecke bilden.[7] Das heißt also, daß man denselben Fragen, Gedanken, Problemen und auch Stimmungen mehrmals begegnet, wobei man durchaus nicht immer den Eindruck hat, daß man sich weiterentwickelt hat; oft hat man sogar den gegenteiligen Eindruck. Aber dieser Eindruck täuscht, auch wenn man dies immer wieder erst im nachhinein erkennt. Wenn man sich bewußt auf die Trauer einläßt, entwickelt man sich tatsächlich weiter, ohne dafür etwas Besonderes tun zu müssen. Es ist teilweise nichts als eine Gefühlstäuschung, wenn man glaubt, schier ungekannte Rückschläge zu erleben, wobei man zunächst einmal den Eindruck hat, daß nichts mehr geht und daß es noch nie so schlimm war wie jetzt. Die Täuschung beruht darauf, daß einem relativierende Elemente und Orientierungen von außen fehlen; zudem ist der Blick durch die Intensität des Trauerns stark auf den Augenblick fixiert, so daß man keine lange Strecke überblicken kann, gefühlsmäßig aber diesen Moment ausdehnt und ausweitet. Dazu hat man den Eindruck, daß es von jetzt an immer so »schlecht« gehen wird; man kann sich gar nicht vorstellen, daß es jemals noch anders werden wird. Das aber ist schlichtweg nicht wahr. Oftmals reicht es, sich dies bewußt zu machen, sich darüber klar zu werden, daß in naher Zukunft, in wenigen Tagen schon, bessere Momente kommen werden. Die »Rückschläge« selbst müssen ausgehalten werden, daran führt kein Weg vorbei. Erst im nachhinein wird sichtbar, daß sie Anläufe waren zu größeren Fortschritten – aber im Moment selbst muß man sich das einfach sagen, ohne es so zu fühlen und zu erleben. In solchen Momenten sind die geregelten Tagesabläufe, die profanen Dinge des Tages wichtig. Da ist es besser, Holz zu hacken oder die Wäsche aufzuhängen, als sich in Kummer und Gram in die Ecke zu setzen. »Rückschläge gehen vorüber«.

Dieser zuletzt genannte Aspekt, daß das Leben in seinen alltäglichen Abläufen weitergeht, ist in der Zeit der Trauer ein ganz wichtiges Thema. Denn durch den Verlust geht ein großer Teil der Alltagsrituale und damit ein wichtiger praktischer Halt und ein großes Stück innere und äußere Heimat verloren. Alltagsrituale, wie der immer gleiche Zeitpunkt des Aufstehens, des Frühstückens, der Rhythmus der Beschäftigungen und liebgewordenen Gewohnheiten, wie z.B. der Abendspaziergang und vieles andere mehr, geben uns Menschen Halt. Sie sind einerseits ein Ausdruck unserer Person und unserer Art und Weise, (mit anderen) zu leben, andererseits auch so etwas wie ein schützender Mantel, der auch eine gewisse Wärme bietet, sozusagen die »Wohlfühltemperatur« bewahrt. Alltagsrituale geben uns das nötige Gleichgewicht und helfen, Spannungen aufzufangen, Ängste zu bannen und innerlich in Balance zu bleiben. Genau dieser Halt im Alltag ist dem Trauernden abhanden gekommen oft regelrecht entrissen. Es fehlt die Lust aufzustehen – wofür auch? Für wen soll ich das Frühstück bereiten? Es ist doch egal, ob und wann ich etwas esse, zu Bett gehe usw. Trauerarbeit heißt in diesem Zusammenhang, soweit es geht an vorhandene Rituale anzuknüpfen, bestimmte Zeiten und Gewohnheiten beizubehalten, auch wenn sie durch den Verlust sinnentleert (nicht: sinnlos) erscheinen mögen, nicht mehr zur Situation zu passen scheinen; sie geben immer noch ein wenig Halt im luftleeren Raum. Erst nach und nach sollte man durch die Anpassung an die gegebene neue Situation Veränderungen herbeiführen und sich vielleicht auch neue Gewohnheiten zulegen. Es kann jedoch auch passieren, daß der Einbruch durch den Verlust so heftig ist, daß nichts mehr »hält«, daß auch der Tagesablauf durcheinandergewirbelt ist und bleibt. Versuchen Sie in diesem Falle, wenigstens ein paar kleine Elemente im Tagesablauf selbst in die Hand zu bekommen, d.h. bewußt für sich zu gestalten.

Viel Halt bieten in dieser Situation vorhandene Kontakte und Beziehungen. Bei manchem spielen dabei die eigenen Kinder eine große Rolle, aber denken Sie bitte daran, daß eigene

Kinder im Leben niemals ganz Partner werden! Im übrigen ändert sich das Beziehungsgeflecht in der Zeit der Trauer. Das geht nicht selten mit schmerzlichen Erfahrungen einher: Freunde, die man zu haben glaubte, ziehen sich plötzlich zurück, andere sind so mit sich selbst, mit ihrer Partnerschaft oder Familie beschäftigt, daß sie kaum Zeit übrig haben. Vielleicht merkt man jetzt auch, wie wenig man selbst im sicheren Gefühl ungetrübter Verhältnisse in Kontakte und Beziehungen investiert hat. Umgekehrt aber kann es auch geschehen, daß ein Kontakt, von dem man es gar nicht erwartet hatte, sich plötzlich als »tragfähig« erweist.

Einen Punkt möchte ich in diesem Zusammenhang noch einmal besonders ansprechen; das ist die drohende Isolation des Trauernden. Oftmals wird sie von ihm als von außen kommend erlebt: Kontakte nehmen ab, niemand kümmert sich mehr um einen und ähnliches. Oft stimmt das faktisch so, aber diese Entwicklung hat auch eine innere Komponente beim Trauernden selbst: Weil nun einmal tatsächlich niemand so ganz verstehen kann, was man als direkt Betroffener mitmacht, und weil erst recht niemand den oder das ersetzen oder wiederbringen kann, was man jetzt so schmerzlich vermißt, besteht die Gefahr der Abwertung und Selektion. Man ist disponiert für Enttäuschungen, weil die eigenen Erwartungen aus der Vergangenheit heraus (die im Gefühl ja noch sehr »gegenwärtig« ist) so hoch angesetzt sind, daß im Grunde niemand sie erfüllen kann. Niemand kann den Verlust ersetzen – aber nichts will man lieber, als daß das Verlorene wiederkommt. Die übliche Folge davon ist eine wachsende Isolation, aber diesmal eine gleichsam selbst verursachte, wenn auch aus durchaus verständlichen Gründen. Selektion und Rückzug sind in der Trauer nicht unbedingt als Fehlentwicklung anzusehen, aber ich möchte Ihnen empfehlen, gleichsam immer wenigstens ein »Fenster« offen zu lassen und die »Eingangstür«, wenn sie denn schon geschlossen ist, wenigstens nicht abzuschließen oder gar noch die Klingel abzustellen. Ein Minimum an Öffnung ist in *jeder* Situation möglich!

Es dauert einige Zeit, bis man sich an den Gedanken gewöhnt hat, daß man jetzt – vor allem, wenn man in einem sehr engen Verhältnis zum Verstorbenen stand – neue Beziehungen eingehen könnte, ja sogar sollte, vom gelegentlichen Kontakt zur Bekanntschaft bis hin zur Freundschaft oder irgendwann sogar einmal bis hin zu einer neuen Partnerschaft. Dieser Weg ist lang. Man ist gleichsam die ganze Treppe hinuntergefallen und muß sie nun Stufe für Stufe wieder ersteigen. Wenn Ihnen das bisweilen zuviel ist, ruhen Sie sich zwischenzeitlich einmal aus – aber tun Sie das am besten nicht schon gleich unten an der Kellertreppe!

So wichtig Kontakte auch sind, bewahren Sie jedoch darin Ihre Würde. Man kann viel für den Kontaktaufbau tun, aber laufen Sie nicht einfach blind hinter Menschen her. Seien Sie sich bewußt, daß Sie in Ihrem Trauerprozeß über eine Erfahrung verfügen, die ungeheuer wertvoll ist und die viele nicht haben.

Eine kleine Bemerkung möchte ich in diesem Zusammenhang gegenüber meinen männlichen »Artgenossen« machen: Es bedarf tatsächlich einer Menge Zeit, bis man nach einer durch den Tod beendeten Partnerschaft wieder frei ist für eine neue. Erst einmal muß auch innerlich ein Freiraum geschaffen sein, den eine ganz andere Person mit ganz anderen Eigenschaften und einer ganz eigenen Persönlichkeit einnehmen könnte. Wenn man sich zu schnell eine neue Partnerin sucht, auch wenn dies momentan einen scheinbaren(!) Fortschritt im Trauerprozeß bewirkt, wird sie (auch ungewollt) immer wieder gemessen werden an der verlorenen und nicht selten idealisierten Partnerin – und steht damit von vornherein auf verlorenem Posten. Dies führt auf beiden Seiten sehr oft zu Enttäuschungen, die nicht selten erst dann richtig aufbrechen, wenn man sich schon weitgehend aneinander gebunden hat und eine gewisse Gewöhnung eingetreten ist. Wenn die (neue) Liebe echt ist, läuft sie nicht davon und kann auch tatsächlich einige Zeit warten.

Wenn man seinen Partner/seine Partnerin verloren hat, dann fehlt ja nicht zuletzt auch derjenige, der zärtlich zu einem war, mit dem man zusammen schlief und der einem Geborgenheit und Wärme vermittelte. Auch wenn in der ersten Zeit der Trauerverarbeitung der Wunsch nach einem Sexualpartner bei den meisten Menschen nicht so groß ist, so bleibt doch das Verlangen nach Geborgenheit, Zärtlichkeit, Wärme und dem gemeinsamen Kuscheln im Bett – ein ausgesprochen verständliches wie für den Augenblick unerfüllbares Verlangen. Es ist gut, sich dessen bewußt zu sein und diesen Mangel wahrzunehmen und zu ertragen. Ein Kühlschrank bzw. sein verlockender Inhalt kann diese Lücke nicht füllen, ebensowenig wie der häufige Besuch in einer Konditorei. Dabei ist einerseits ein wenig Disziplin vonnöten, andererseits aber auch etwas Milde gegenüber sich selbst.

4. Loslassen und verbinden

(1) Mut zur Verbindung

Beim Abschiednehmen (vgl. Kapitel II.1.) steht das Scheiden und Loslassen ganz augenfällig im Vordergrund. Aber Trauerarbeit zielt darauf ab, nicht nur loszulassen, sondern auf die Dauer eine andere Art der Verbindung zu entdecken und zu knüpfen. Es handelt sich dabei nicht um ein »Zurückholen« der für immer(!) vergangenen Beziehung, sondern um den Neubeginn einer transzendenten, d.h. die konkrete Erlebniswelt übersteigenden Beziehung.

Das Eigenartige der neu aufzubauenden Verbindung mit dem Verstorbenen ist ja, wie bereits erwähnt, daß man sie erst dann eingehen kann, wenn man die alte, bestehende Verbindung, der man »anhaftet«, losgelassen hat. Es hat – so verständlich das im einzelnen auch ist – keinen Sinn, den Verstorbenen festhalten, gleichsam »am Leben« erhalten zu wollen oder z.B. religiöse Deutungen in solcher Weise zu interpretieren, daß man sich vormacht, er oder sie sei gar nicht »echt« gestorben, sondern »nur« in eine andere Existenz übergegangen. Das mag stimmen oder nicht, aber es führt nicht daran vorbei, daß dieser Mensch unwiderruflich und unwiederbringlich aus dieser konkreten Existenz und Verbindung weggenommen ist. Erst wenn man die Unwiederbringlichkeit des Vergangenen akzeptiert hat oder zumindest bereit ist, die Realität so hinzunehmen, wie sie ist, entsteht ein innerer Freiraum, in dem sich der Blick für eine andere Art der Verbindung öffnen kann. Diese Verbindung ist nicht »beweisbar« – genausowenig übrigens, wie Liebe »beweisbar« ist –, aber sie ist für den einzelnen erfahrbar und real. In »Der kleine Prinz« von Antoine de Saint-Exupéry steht der vielzitierte Satz: »Wenn du bei Nacht den Himmel anschaust, wird es dir sein, als lachten alle Sterne, weil ich auf einem von ihnen wohne, weil ich auf einem von ihnen lache.« Dieser Satz deutet etwas von der Verbindung an, die ich hier meine. »Der kleine Prinz« ist natürlich ein Märchen, und es ist keineswegs so, daß unsere lieben Verstorbenen sich auf einem anderen Stern befinden, aber vielleicht darf man sagen: in einer anderen Dimension unserer Wahrnehmung, dort, wo man nur mit dem Herzen richtig »sehen« kann. »Man sieht nur mit dem Herzen gut«, sagt der kleine Prinz. Man kann mit den Verstorbenen gleichsam in einer anderen Dimension verkehren, wobei manchmal auch so etwas wie »Anwesenheit« spürbar wird und wo man in manchen Momenten erfährt, daß der Tod tatsächlich nicht das letzte Wort hat, sondern daß Liebe stärker ist. Man darf und kann mit seinem Toten leben, das ist keine Spinnerei! Komischerweise ist dies – was für unzählbar viele Generationen in vielen Völkern und Religionen eine Selbstverständlichkeit darstellt – für uns heute nahezu unheimlich und suspekt. Wir halten uns bei unserer Wahrnehmung an die äußeren Sinne und verleugnen (tabuisieren!) die innere Wahrnehmung. Ich möchte Ihnen Mut machen, auf Ihre innere Wahrnehmung zu achten, auf Ihr Gespür, Ihre Intuition, auch dann, wenn Sie von Zweifeln begleitet sind und Sie jeden Satz in diesem Zusammenhang etwa mit den Worten formulieren: »Manchmal ist es mir, als ob ... – aber ich weiß gar nicht, ob das auch wirklich wahr ist«. Wer hindert uns daran, diese innere Wirklichkeit ernst zu nehmen und uns nach ihr zu richten, unsere Sinne dafür zu üben? Millionen und Milliarden von Menschen tun das und haben es getan, auf der ganzen Welt und zu allen Zeiten. Natürlich soll man die unterschiedlichen Wahrnehmungsarten und -dimensionen nicht miteinander vermischen und die Herzensrealität plötzlich so behandeln wie die empirisch wahrnehmbare und zählbare Realität. Aber heißt das darum, daß es nicht mehr gibt zwischen »Himmel und Erde« als das, was wir mit unseren fünf Sinnen direkt empirisch wahrnehmen? Es gibt Dinge, Bindungen, Beziehungen, die dies übersteigen, lateinisch: transzendieren, aber dazu braucht es einen gewissen Mut. Seien Sie so mutig!

(2) Der Trauer einen Ort geben – die Verbindung pflegen

Ein ganz wichtiger Schritt auf dem Weg zu einer neuen Verbindung mit dem Verstorbenen ist es, der Trauer einen Ort bzw. verschiedene Orte zu geben. Gerade wenn es um eine innere Wahrnehmung geht, ist es wichtig, sie auch konkret zu »erden«, denn unser Erleben muß sich immer wieder ganz konkret an etwas binden bzw. mit etwas verknüpfen, worin es sich manifestieren kann. Solch ein Ort der Trauer kann, muß aber nicht unbedingt der Friedhof sein, das Grab. Es kann durchaus auch ein anderer Ort sein, an dem Sie »bei ihm/ihr« sein können und wo sie kommunizieren können. Es kann auch ein Foto sein, das Sie irgendwo hinstellen, oder eine bestimmte Straßenecke, an der man sich immer getroffen hat … Indem man die Begegnung an einen oder mehrere Orte bindet, gibt man andere Orte frei für andere Begegnungen. Das hindert im übrigen nicht daran, den anderen permanent bei sich zu wissen oder an ihn zu denken. Es gibt aber nur sehr wenige Menschen, die auf längere Zeit ohne solche Orte auskommen, die dem anderen, dem Verstorbenen zugedacht und »geweiht« sind und die deshalb schon mit ihrer Atmosphäre an den anderen »er-innern«. Innere Bilder verschwimmen mit der Zeit, darum ist es m.E. besser, sie nach außen zu bringen, in der sichtbaren Wirklichkeit zu gestalten. Wenn man seiner Trauer auf diese Weise einen Ort gegeben hat, fällt es auch leichter, mit den irgendwann nötigen Aufräumarbeiten zu beginnen. Lassen Sie sich ruhig Zeit mit diesem Schritt. Sie spüren sehr wahrscheinlich von selbst, wann für Sie die Zeit dafür reif ist, z.B. die Kleidung und sonstige Sachen des Verstorbenen zu ordnen bzw. wegzugeben. Sie spüren es auch, wenn Sie sich dagegen sträuben. Es ist gut, hierüber einmal mit anderen, am besten ebenfalls Betroffenen in einer geleiteten Trauergruppe oder mit einem erfahrenen Trauerbegleiter, zu sprechen, so daß Sie auch einmal ein »Echo« darin erhalten.

Ein Besuch von Orten, mit denen gemeinsame Erlebnisse verknüpft sind, z.B. der Ort des Sterbens oder der langjährig gemeinsame Urlaubsort o.ä. kann ebenfalls sehr förderlich sein, um sich zu verabschieden und loszulassen und auf eine andere Art in eine neue Verbindung zu treten.

Täuschen Sie sich nicht: Es dauert sehr, sehr lange, bis man wirklich Abschied genommen hat und damit nach und nach loslassen, den anderen ziehenlassen kann. Wie beschrieben, ist der Trauerprozeß eher wellen- oder spiralförmig: Abschied nehmen ist kein einmaliger Akt, dem einen »großen« Abschied folgen viele, viele »kleine« Abschiede – ebenso bedarf das Eingehen einer neuen Verbindung der Zeit und der ständigen Wiederholung, der »Beziehungspflege«.

5. Neues Gleichgewicht finden

Im immer wieder neuen Bewußtwerden und Anerkennen des Abschieds, der Unwiederbringlichkeit des Verlorenen und im Akzeptieren und Gestalten der gegebenen Verhältnisse bildet sich in ganz kleinen Schritten ein neues Gleichgewicht heraus. Ich möchte hier ein paar Dinge aufführen, die diesen Prozeß der Trauerarbeit hin zu einem neuen, eigenen Gleichgewicht unterstützen können.

(1) Differenzieren

Wovon genau muß ich mich eigentlich verabschieden? Es ist
ja nicht nur der Mensch als ganzer, den man schmerzlich vermißt, es sind auch bestimmte Rollen und Funktionen, die der
Verstorbene eingenommen bzw. erfüllt hat. Die Ehefrau war
z.B. diejenige, die mir zuhörte; die da war, wenn ich nach
Hause kam; die samstags die Brötchen holte und mittwochs
den Wertstoffbehälter an den Straßenrand stellte; die mit mir
lachte, die mit mir stritt, die mir eine Orientierung gab, die
mich nervte, die meinen Körper streichelte; sie war diejenige, die einen Teil des Einkommens verdiente usw.; ganz verschiedene Dinge, oft kunterbunt durcheinander. Es lohnt
sich sehr, sich einmal eine halbe Stunde Zeit zu nehmen und
eine ausführliche Liste aufzustellen von all dem Kleinen und
Großen, was jetzt nicht mehr so ist wie vorher.
Manche Rollen und Funktionen müssen anders ausgefüllt
werden: Ich muß jetzt alleine das Geld verdienen, die Brötchen holen, den Wertstoffbehälter an den Straßenrand stellen; ich muß mir Menschen suchen, die mir zuhören; ich
muß der Zärtlichkeit und Erotik in meinem neuen Leben einen Platz geben und vieles andere mehr. Manches wird auch
unausgefüllt bleiben, und für alles gilt, daß es nie mehr so
ausgefüllt werden wird wie zuvor. Aber es bleibt die nüchterne Erkenntnis und der klare Impuls, die einzelnen Funktionen und Rollen zu klären und, soweit nötig und möglich,
selbst zu übernehmen oder Wege zu finden, wie sie neu und
anders übernommen werden können. Es geht dabei nicht
darum, den Verstorbenen damit aus dem Leben »wegzudrän-
gen« – er ist ja schon gegangen! – sondern darum, ihm einen
neuen, anderen Platz einzurichten, indem man sich erst einmal das Notwendige klar macht und anders füllt, so daß
er/sie auch nicht – gleichsam negativ – durch den Mangel
festgehalten wird.

(2) Zurechtrücken

Ein Schritt, der damit oft Hand in Hand geht, ist die Rückführung des Verstorbenen aus der Idealisierung. Es bleibt gar nicht aus, daß man in der Erinnerung, zumal an einen geliebten Menschen, das Schwierige eher vergißt (oder gar nicht erst wahrnimmt) als das Schöne und Einfache. Unschöne Dinge verschwinden nun einmal schneller in der Erinnerungskiste als andere, sie haben quasi ein höheres spezifisches Gewicht. Aber in der Trauerarbeit ist es sehr wichtig, sich in der Rückbesinnung auch einmal ausdrücklich darüber klar zu werden, wie es tatsächlich war, und darin *alle* Gefühle und Gedanken zuzulassen, auch die unterschwelligen, um so die Einschätzung der Vergangenheit ein wenig zurechtzurücken.

Frau M., Mitte 60, hatte ihren Mann im letzten halben Jahr bis zu seinem Tod zu Hause gepflegt. Sie konnte offen mit ihm über alles sprechen, sogar die Trauerfeier und das Begräbnis hatten sie beide gemeinsam mit mir besprochen. Ihr Mann hielt sich großartig, versuchte ihr den Abschied zu erleichtern, soweit er nur konnte. Zwischen beiden gab es nichts, was bewußt liegengeblieben wäre.

Als er dann starb und beerdigt wurde, fiel Frau M. nach wenigen Wochen in ein tiefes Loch, eine Leere. In der Trauergruppe galt sie als eine ausgesprochen nette und freundliche Frau. Doch dann geschah es, daß sie manchmal ohne einen nachvollziehbaren Grund böse wurde, regelrecht aggressiv sogar. Das passiere ihr immer häufiger, gab sie zu, und es passe doch gar nicht zu ihr. – Erst als sie nach und nach zulassen konnte, daß sie wütend darüber war, daß ihr Mann, den sie sehr liebte, sie so allein zurückgelassen hatte, auch wenn er es selbst gar nicht gewollt hatte, wurde ihr klar, daß sie dies in ihrer Ehe sehr häufig auch zu anderen, viel kleineren Anlässen erlebt hatte. Sie hatte sich des öfteren von ihrem Mann verlassen gefühlt, was sie immer wieder enttäuscht und ängstlich gemacht hatte. So konnte sie das Erleben der letzten Wochen des Beisammenseins, das sehr intensiv war und das sie auf eine eigenartige Art und Weise auch sehr glücklich machte, besser integrieren und dadurch ihren Gesamteindruck ein wenig korrigieren.

Als sie dann auch noch den Strapazen nachspüren konnte, die die Pflege ihres Mannes für sie bedeutet hatte – auch wenn sie es ganz selbstverständlich und gern gemacht hatte – wurde sie sehr, sehr müde: Die ganze Erschöpfung brach gleichsam aus ihr heraus. Sie brauchte nicht mehr dauernd zu lächeln und nett zu sein, weder für sich noch für andere, konnte ihre Wut spüren und lernen, damit umzugehen, ohne immer nur »gut« sein zu müssen.

Wut kann zeitweise zu einem echten Problem werden. Wenn man sie blind nach außen kehrt, richtet sie sehr leicht unnötiges Unheil an. Schluckt man sie hinunter oder verdrängt man sie mit klarem Kopf oder aus dem Gefühl heraus, »das paßt nicht zu mir, also kann es nicht stimmen, was ich da fühle«, richtet sie sich auf die Dauer gegen einen selbst, schlägt gleichsam um nach innen und führt zu Depressionen. – Schlucken Sie Ihre Wut nicht hinunter, sondern äußern Sie sie! Doch mit Umsicht: Bevor Sie anderen gegenübertreten, reagieren Sie Ihre Wut erst ein wenig durch Körperübungen ab (ein Punching-ball oder ein gut gefülltes Kissen hält eine Menge Schläge aus, aber auch eine Runde Joggen oder ein einfacher Spaziergang in der frischen Luft wirken manchmal Wunder), in dem Wissen, daß diese Wut nicht ausschließlich in dem Vorfall begründet liegt, der sie ausgelöst hat! Ein anderes probates Hilfsmittel ist übrigens Schreien und Schimpfen: Gehen Sie in den Wald oder auf ein großes Feld, wo Sie niemand hört und sieht, und schreien und schimpfen Sie einmal laut – und kehren Sie dann nach Hause zurück und bedenken in aller Ruhe Ihre »echte«, d.h. nach außen zu tragende Reaktion!

Was dann noch an Wut übrig ist, dürfen Sie im Normalfall anderen durchaus zumuten, so wie ich Sie überhaupt dazu ermutigen möchte, sich als Trauernde(r) Ihrer Umgebung »zuzumuten«. Zum einen ist dies besser als ein braves Versteckspiel, zum anderen ist die Trauerarbeit nicht allein Ihre

Sache, sondern auch die Aufgabe derer, die Ihnen nahestehen.

Eine ganz wichtige Übung für die gesamte Trauerzeit – viele machen sie danach für immer –, ist es, sich über die eigenen Gefühle klar zu werden. Oft weiß man gar nicht genau, was man fühlt, und man reagiert »einfach so«, »aus dem Bauch heraus«, ohne sich darüber im klaren zu sein, was einen wirklich bewegt und beeinflußt. Dem kann man relativ leicht dadurch begegnen, daß man sich einmal am Tag (am Abend z.B.) etwa zwanzig Minuten Zeit nimmt, um die eigenen Gefühle zu »identifizieren«. Sorgen Sie für Stille um sich herum: kein Radio, kein Fernseher, kein Telefon ...; schaffen Sie eine angenehme Atmosphäre, indem Sie z.B. eine Kerze anzünden oder eine Duftlampe aufstellen; setzen Sie sich entspannt hin und legen Sie sich etwas zum Schreiben griffbereit! Dann tun Sie volle zwanzig Minuten nichts anderes, als dieser einen Frage nachzugehen: »Was fühle ich jetzt?« Schreiben Sie alles auf, was Sie fühlen, *alles,* auch dann, wenn es augenscheinlich gar nicht zusammenpaßt! Unterscheiden Sie, soweit es geht, zwischen dem, was Sie *denken,* und dem, was Sie tatsächlich *fühlen!* Lassen Sie den Tag noch einmal wie einen Film vor Ihrem inneren Auge vorbeilaufen und schreiben Sie auf, was Sie da und da in dem und dem Moment gefühlt haben! Schreiben Sie's auf! Sie werden bereits nach kurzer Zeit merken, daß Sie bald auch im alltäglichen Geschehen viel mehr Aufmerksamkeit dafür entwickeln, was Sie tatsächlich fühlen. Sie werden sehr schnell lernen, Ihre Gefühle genauer zu erkennen und in den einzelnen Situationen adäquater zu reagieren. Aber Vorsicht: Man kann sich auch im Gefühl irren; es gibt durchaus »falsche«, d.h. nicht angemessene Gefühle. Ein Mensch, der sich z.B. als Kind von seinen Eltern immer verlassen fühlte, wird sehr schnell und oft völlig unangemessen Verlustängste entwickeln. Es geht also darum, erst einmal das zu erkennen und zu fühlen, was man fühlt, und nichts anderes. Wie man dann in einer Situation reagiert, ist ein zweiter Schritt, bei dem auch der Verstand eine wichtige Rolle spielen sollte – aber das kann er erst richtig auf der Grundlage einer klaren Wahrnehmung seiner selbst.

Zuletzt möchte ich in diesem Abschnitt auf das eingehen, was beim Tod eines nahestehenden Menschen oft im Raum steht und stehen bleibt: Unausgesprochenes. Man hatte es ihm/ihr noch sagen wollen, hätte gerne noch einmal über dies oder jenes gesprochen – und jetzt geht das nicht mehr. Schlimmer noch ist es, wenn man z.B. im Streit auseinandergegangen ist und der Tod sehr plötzlich eintrat. Nicht selten will man auch gar nicht wahrhaben, daß es Unerledigtes und Unausgesprochenes überhaupt gibt. Also sagen Sie nicht zu schnell: »Unausgesprochenes gab es bei uns nicht.« Wenn man von einem Menschen Abschied nehmen muß, dann muß man schließlich nicht nur dessen Gegenwart und Vergangenheit begraben, sondern auch ein Stück erträumte, erhoffte oder erwartete Zukunft – auch das ist nicht gelebtes (und damit in einem anderen Sinne »unerledigtes«) Leben.

Man kann, auch wenn der direkte Adressat nicht mehr da ist, Dinge für sich klären, indem man sie z.B. einem anderen erzählt oder indem man sie aufschreibt und dem Verstorbenen »nachruft«. Wichtig ist, daß man sich dessen bewußt wird, was es an Unerledigtem und Unausgesprochenem zwischen einem selbst und dem Verstorbenen gibt, die Bewußtwerdung alleine klärt schon vieles. Dazu kann man auch eine »Visualisationsübung« machen, indem man sich den Verstorbenen vorstellt, seine zu erwartenden Reaktionen annimmt und ihn so gleichsam »sprechen« und »antworten« läßt. Wenn man das, was man noch sagen wollte, aufschreibt, kann man den Brief auch in einem kleinen, andächtig ausgeführten Ritual verbrennen und die Asche dieses Briefes auf das Grab des Verstorbenen streuen. Man kann darin auch ein Versprechen (keine »Buße«!) ablegen, das man nach und nach erfüllt und worin man im konkreten Leben gleichsam zur Ehre und Erinnerung des Verstorbenen etwas Bestimmtes ausführt. Denken Sie nicht, dies sei keine reale Kommunikation – sie findet, wie im vorigen Kapitel angedeutet, auf einer anderen Ebene statt, ist aber darum nicht weniger »real«.

6. Schuld und Schuldgefühle

Wie gehe ich mit Schuldgefühlen um, die mir nach dem Tod des anderen bleiben? Oft sind es sehr belastende und quälende Gefühle, die sich einstellen. Wenn Eltern ein Kind verlieren, ist es fast immer so, daß sie sich fragen: »Was haben wir falsch gemacht, daß es so und so gekommen ist?« In anderen Situationen wird man sich vielleicht fragen: »Was wäre passiert, wenn ich dies oder jenes anders gemacht hätte?« Schuldgefühle sind nicht identisch mit tatsächlich vorhandener Schuld, aber das heißt nicht, daß sie auch dann, wenn sie augenscheinlich unberechtigt sind, nicht dennoch eine klar erkennbare Funktion haben.

Das erste im Umgang mit Schuldgefühlen, sowohl bei den eigenen als auch bei den Schuldgefühlen anderer, ist, daß man sie sich eingesteht, sie als solche identifiziert, auch wenn sie auf den ersten Blick noch so unwahrscheinlich oder unrealistisch erscheinen mögen. Gehen Sie einfach davon aus, daß es in jedem Fall einen ganz realen Grund für ihre Entstehung gibt, auch wenn »Schuld« nicht der einzige Grund für Schuldgefühle ist. Schuldgefühle können z.B. auch dadurch entstehen, daß man die Verantwortung, die man zeitlebens für den Verstorbenen hatte, nicht ablegen kann. Schuldgefühle können auch ein Mechanismus der Selbstbestrafung sein, der im Grunde dem Nachsterbenwollen ähnelt, indem man sich selbst durch die Schuldübernahme wehtut. Ich möchte hier aber nicht so sehr auf den Hintergrund und die psychologische Erklärung und Unterscheidung von Schuld und Schuldgefühlen, sondern auf den praktischen Umgang mit ihnen eingehen, denn in den weitaus meisten Fällen handelt es sich dabei nicht um psychisch krankhaftes Fühlen und Verhalten, sondern man weiß sich einfach keinen Rat, wie man mit dem umgehen soll, was man da erfährt.

Der zweite Schritt nach dem Identifizieren und Eingestehen der Schuldgefühle ist, daß man sie ernst nimmt und nicht einfach als »sinnlos« abtut oder sie durch die immer irgendwie zur Entschuldigung zu gebrauchenden Umstände »wegrelativiert«. Oft hat der Kopf nämlich (gute!) Antworten und Erklärungen parat – aber die Schuldgefühle bleiben, nicht selten ein Leben lang, auch wenn man sie bei jedem Auftauchen gleich wieder wegsteckt: Sie werden nicht aufgelöst, sondern gleichsam im Vorratskeller verwahrt.

Der dritte Schritt ist, daß man sich die Schuldgefühle anschaut und die eigene Schuld einschätzt: Wie schwer wiegt sie? Welchen Zweck(!) und welche Konsequenzen haben meine Schuldgefühle für mich? Was ist ein reales Versäumnis meinerseits? Was genau hätte ich anders oder besser machen können? Wie beurteile ich mich selbst darin? Wenn mir jemand, den ich mag, dasselbe erzählen würde, wie würde ich ihn und die Situation beurteilen? – Ziel dieser Fragen ist eine einigermaßen realistische (wenn auch nach wie vor subjektive) Einschätzung der Schuld und der Schuldgefühle. Am Schluß kann man vielleicht zu Papier bringen, worin genau die eigene Schuld besteht, genauer noch: der Rest des Unentschuldbaren, das also, was übrigbleibt, wenn man alles eingebracht und einkalkuliert hat, was zur Ent-Schuldigung (auch der eigenen Person) angeführt werden kann.

Der vierte Schritt im Umgang mit Schuld und Schuldgefühlen ist ein Schritt nach außen: Jetzt muß man Mittel und Wege suchen, diese (Rest-) Schuld zu bekennen und freizugeben (zu »ver-geben«), d.h. sie so einzuordnen, daß sie nicht mehr blockierend wirken kann für das weitere Leben. Da die Person, um die es geht, nicht mehr konkret erreichbar ist, bleibt neben den an anderer Stelle bereits ausgeführten symbolischen Wegen (Ritualen) keine andere Möglichkeit, als sich gleichsam einen »Stellvertreter« für den Verstorbenen zu suchen und ihm/ihr die Angelegenheit offen vorzulegen, und zwar mit der Bereitschaft, das, was diese(r) dazu sagt, auch ernst zu nehmen und zu akzeptieren. Man suche sich aber dazu einen Menschen aus, dem man auch tatsächlich annähernd so viel Vertrauen entgegenbringen kann wie dem Verstorbenen. Eine Alternative dazu ist eine für diesen Sachverhalt neutrale Person, die aber einfühlsam und kompetent (und wenn möglich ein bißchen weise) sein sollte. Es kann, aber es muß nicht unbedingt ein Geistlicher sein, der sich mit Ihnen solidarisiert und Ihnen in Ihrer Schuld beisteht. Jeder darf um Vergebung bitten, und jeder darf einen anderen in dieser Bitte unterstützen.

Stichworte in diesem Schritt des Bekennens sind folgende:

* »los-*lassen*«
* »ver-*geben*«
* »frei-*sprechen*«.

Es sei Ihnen selbst überlassen, diese Worte in ihrer tiefen Bedeutung mitzunehmen und mit eigenem Inhalt zu füllen das ist besser als alle theoretischen Ausführungen dazu.

Der fünfte und letzte Schritt im Umgang mit Schuld und Schuldgefühlen ist die »Wiedergutmachung«. Dabei geht es in keiner Weise um einen »Bußakt« im gebräuchlichen Sinne, sondern um etwas, das die *losgelassene* Blockade, die *vergebene* Schuld und das *freigesprochene* Leben bekräftigt und eine positive Entwicklung in Gang bringt. Konkret kann ich an dem Verstorbenen nichts »wiedergutmachen«. Was aber, so könnte man sich fragen, würde der Verstorbene denn anderes wollen, als daß man aus seinen Fehlern, seiner Schuld lernt und damit für die Zukunft eine positive Wirkung erzielt? »Wachsen und Gedeihen« sind die Ziele einer ernst genommenen, durchlebten und freigegebenen Schuld.

Ein Beispiel: Eine Frau, die ich einige Wochen lang in Einzelgesprächen begleiten durfte, gestand mir, daß sie jetzt, nach dem plötzlichen Tod ihres Lebensgefährten, mit dem quälenden Gefühl belastet sei, daß sie den Verstorbenen vor vielen Jahren einmal mit einem anderen Mann betrogen habe und daß er möglicherweise gar nicht der Vater ihrer Tochter sei. Sie habe es ihm immer schon sagen wollen, sich aber am Ende nie dazu durchgerungen, auch weil sie dachte, durch solch ein Geständnis nur noch mehr Schaden anzurichten. Wir sind in mehreren Gesprächen immer wieder mal auf dieses Thema zurückgekommen, und dabei zeigte sich, daß sie, bedingt durch ihre Entwicklungsgeschichte, die Neigung hat, sich einer festen Bindung stets ein klein wenig zu entziehen, weil sie sich sonst darin eingesperrt fühlt, was wiederum ganz bedrohliche Assoziationen aus der Vergangenheit in ihr wachrüttelt. Auf diesem Wege kamen wir im Gespräch zu einer realistischen Einschätzung des Schuldgefühls und des vorhandenen »Rests des Unentschuldbaren«. Sie konnte ihre Bindungsängste erkennen und ihr eigenes Handeln, das ihr sehr leid tat, dadurch anders einordnen. Ihre Toleranz im Betrachten der Fehler anderer, speziell ihrer Tochter, wuchs, weil sie bereit war, auch bei augenscheinlich schuldhaftem Verhalten weiter nach den Beweggründen zu forschen. Andererseits aber kam ihr ihre eigene Untreue (auch sich selbst und ihrer erklärten Absicht gegenüber) klarer zu Bewußtsein, wissend, daß das Geschehene nicht mehr zu revidieren ist. Sie hat diese Schuld auf sich genommen, ihren Lebensgefährten im nachhinein um Verzeihung gebeten und sie fühlte sich freier, vorhandene Bindungen positiv zu akzeptieren und ihnen treu zu bleiben.

Noch eine letzte Bemerkung im Zusammenhang mit Schuld und Schuldgefühlen: Für Menschen, die konkret mit Trauernden zu tun haben, die sich mit Schuldgefühlen quälen, ist es wichtig zu wissen, daß solche Schuldgefühle nicht einfach durch klare Einsichten wegzunehmen sind, sondern daß diese klaren Einsichten nur *ein* Mosaikstein im Gesamtbild sind. Es geht nicht darum, vorhandene Schuldgefühle *wegzunehmen,* sondern sie aufzugreifen und positiv *umzuwandeln.* Der gesamte Trauerprozeß ist, wie Jorgos Canacakis immer wieder betont hat, ein Umwandlungsprozeß, und die Trauer selbst ist eine große Verwandlungskünstlerin.[8]

Im nun folgenden dritten Teil des Buches werde ich noch auf einige andere Aspekte in der Begleitung trauernder Menschen eingehen. Er ist speziell für die geschrieben, die nicht direkt von einem Verlust betroffen sind – in dem Wissen also, daß jeder Mensch zu jedem Augenblick in die Reihe derer gestoßen werden kann, die direkt oder indirekt damit konfrontiert werden. Dies möchte ich nicht als eine Mahnung oder gar als eine Bedrohung hinstellen, sondern es dient der Bewußtwerdung der Tatsache, daß Trauer nichts Alltägliches, wohl aber ein Teil unserer alltäglichen Wirklichkeit ist.

III. Umgang mit Trauernden

1. Indirekt betroffen? – Das Umfeld des Trauernden

Im Grunde kann man nur dann einem anderen Menschen in dessen Trauer nahe sein, wenn man selbst auch von dieser Trauer betroffen ist. Ich gehe noch einen Schritt weiter: Man *darf* nur dann einem Menschen in Trauer beistehen, wenn dies der Fall ist. Der erste Schritt im Umgang mit einem Trauernden also ist der, daß man sich von dem, was geschehen ist, *treffen* läßt und so zum (indirekt) *Be-troffenen* wird. Das heißt nicht, daß man z.B. als Freund oder Nachbar auch wochenlang traurig gestimmt sein muß oder als »professioneller« Trauerberater, Seelsorger, Arzt, Pfleger, Therapeut oder Bestatter permanent bedrückt einhergehen muß. Es heißt aber wohl, daß man bereit ist, sich nicht gegen die Trauer und die Stimmung des Trauernden zu wehren, sondern sich darauf einzulassen, punktuell mitzuempfinden und vor allem die Trauer des anderen innerlich mit der eigenen, bereits durchlebten Trauer zu verbinden und aus dieser Verbindung heraus dem anderen nahe zu sein. Ohne eine solche Betroffenheit und Verbindung mit dem eigenen Erleben wird man früher oder später »abhaken«, d.h. flüchten und abweisen und damit das Leid des Betroffenen nur noch steigern, zumal man anfangs womöglich ganz andere Erwartungen geweckt hat. Deshalb ist es auch wichtig, daß jemand, der einem Trauernden nahe ist, seine eigenen Trauerprozesse selbst »gut«, d.h. fruchtbar zum Leben hin durchlebt hat. Dabei sei nachdrücklich darauf hingewiesen, daß es sich nicht um irgendeine »hohe« Qualifikation im menschlichen Umgang handelt, sondern um etwas, was im Grunde ganz selbstverständlich und menschlich »normal« ist: Es ist »normal«, daß man sich vom andern und seiner Situation berühren läßt, daß man das, was man da erfährt, mit der eigenen Trauer verbindet und so das eigene Trauererleben nutzt, um sich in den anderen einzuleben und ihn besser zu verstehen – und nicht, um ihm ungebetene Ratschläge zu erteilen, denn in dieser Situation können Ratschläge dann tatsächlich zu »Rat-*Schlägen*« werden. Jeder Mensch, der über ein bißchen Lebenserfahrung verfügt, kann zum Trauerbegleiter werden. Unter Freunden ist es m.E. ein ganz selbstverständlicher Freundschaftsdienst, von dem sich keiner ausschließen sollte.

Das erste also ist, daß man selbst zum Betroffenen wird. Das kann auch Angst auslösen, zumal dann, wenn die eigene Trauer noch nicht oder nicht gut verarbeitet ist. Die eigene Trauer (das kann auch eine ähnlich gelagerte Erfahrung eines anderen Verlustes sein) darf jedoch dem direkt Betroffenen nicht einfach übergestülpt werden, sondern sie ist gleichsam der Resonanzkörper für das, was der andere erfährt, so daß man mit-sehen, mit-fühlen, mit-leben kann. Trauerbegleitung, egal in welcher Form, ist mehr noch als viele vergleichbare Formen des Umgangs miteinander *Begleitung,* nicht Leitung. Wie aber geht das, wie macht man das: die Trauer des anderen mit der eigenen Trauer verbinden? Der übliche Weg in diesem Falle ist der der Er-Innerung, d.h. daß man sich durch das, was man vom anderen hört und sieht, mitnehmen läßt in die eigene Erinnerung durchlebter Trauersituationen und sich ihrer erneut inne wird. Nicht im sensations- und mitteilungsbedürftigen Sinne eines »bei mir war das damals ganz anders, nämlich so oder so«, sondern im Sinne stiller Aufmerksamkeit und des Bewußtwerdens eigener Gefühle aus der Vergangenheit, um die wirklichen Bedürfnisse des Trauernden besser und eher zu erkennen und ihn wirksam unterstützen zu können. Echte Betroffenheit macht in der Regel eher still, als daß sie zu langen Reden Anlaß gibt. Die eigene Er-Innerung ist somit der Hintergrund, der Resonanzkörper für das Zuhören und Sich-Öffnen gegenüber dem Trauernden. Aber auch wer selbst noch wenig oder keine Trauererfahrung gemacht hat, ist damit nicht »disqualifiziert«: Aufmerksam zuhören kann jeder, und wenn man in diesem Falle um so klarer »weiß, daß man nichts weiß«, ist dies keine schlechte Voraussetzung dafür, einem anderen nahe zu sein.

Für Trauernde (das sind wir potentiell zu irgendeiner Zeit alle) ist es ungeheuer wichtig, daß jemand da ist, der tatsächlich mitfühlt, der ein Herz hat, der sich nicht böse machen läßt von der manchmal starken Beanspruchung. »Dabeibleiben ist alles« könnte man in Abwandlung des bekannten Sprichworts sagen, denn schon dies bietet dem Trauernden einen gewissen Schutz, einen Raum, in dem er als Trauernder sein darf. Ich vergleiche dies gerne mit dem alten jüdischen Recht: Dort hatte der Angeklagte einen Helfer bei sich, eine Person seines Vertrauens, die aber (im Gegensatz zum Anwalt) selbst nicht zu Wort kam, sondern einzig und allein als Beistand und Tröster für den Angeklagten diente: den »Parakleten«, wörtlich übersetzt ein »zur Hilfe Gerufener«. Genau dies ist »in erster Instanz« die Rolle dessen, der einem anderen in dessen Trauer beisteht. Trost für einen Trauernden besteht hauptsächlich darin, daß jemand für den Trauernden da ist, seiner Trauer Raum und Freiheit gibt, daß jemand mit ihm mitfühlt und mitleidet.

Es kann nun aber auch passieren, daß man für einen Trauernden nicht der richtige Beistand ist, z.B. deswegen, weil man sich durch Verwandtschaft oder Freundschaft zu nahe steht und der Trauernde Angst hat, sich in dieser Beziehung anders als gewohnt oder ganz hilflos zu zeigen und sich – auch wenn es vielleicht völlig irrational ist – zu blamieren. Dies sollte man nicht als Abweisung verstehen, es ist nicht gegen den anderen gerichtet, sondern es ist ein Problem, das der Trauernde selbst in einer gewissen Konstellation hat. Besser als »Eindringen« oder sogenanntes »gutes Zureden« ist es dann, diesen Wunsch zu akzeptieren und sich nach einer anderen geeigneten Person bzw. einem erfahrenen Trauerbegleiter umzusehen.

Hierbei wird klar, was für den gesamten Trauerprozeß gilt: Der Trauernde selbst leitet seinen Trauerprozeß. Dies hängt zusammen mit der bereits erwähnten[9] Trauerfähigkeit, die jeder Mensch besitzt. Sinn einer unterstützenden und »mitgehenden« Begleitung ist es, diese Trauerfähigkeit zu wecken, zu stimulieren und der darin hervortretenden Intuition des Trauernden selbst nachzugehen, sie gleichsam »herauszuhören« und sich von ihr leiten zu lassen. Trauernde entwickeln nämlich ein vielfach ungekanntes Gefühl dafür, was für sie im Moment das Richtige ist, was für sie »dran« ist. Man darf dieser Intuition des Betroffenen durchaus vertrauen, vorausgesetzt, daß der Trauernde selbst sich seinem Gespür anvertraut und tatsächlich seinen Weg darin geht und seiner Trauer nicht ausweicht.

Der Trauernde aber ist nicht der einzige, den seine Trauer etwas angeht. Verlust und Trauer sind keine reine »Privatsache«. Bei allem ehrlich gemeinten Respekt vor der Privatsphäre darf man einen Trauernden nicht einfach sich selbst überlassen. Auch die herrschende Tendenz, die Trauer und alles, was damit verbunden ist, in die Hände von Spezialisten, von Ärzten, Bestattern, Seelsorgern, Trauerbegleitern, zu legen, kann zu einer »Abschiebungsstrategie« führen, die eine Alibifunktion erhält, wodurch man sich selbst von aller Hilfe freisprechen kann. Der Trauernde aber ist gerade jetzt, da ihm die Gemeinschaft mit dem Verstorbenen nicht mehr möglich ist, auf die Gemeinschaft der Lebenden angewiesen. Natürlich kann diese Gemeinschaft den Verlust nicht ersetzen, aber sie kann ihn mittragen und darin den Trauernden aufnehmen. Dabei kann es auch um ganz einfache und alltägliche Dinge gehen, wie die Sorge um die Kinder, Botengänge, Hilfe bei Versicherungs- und Rentenangelegenheiten, Einkaufen und dergleichen. Auch das heißt: mit dem Trauernden mitgehen, auch das ist konkrete Trauerbegleitung.

2. Was soll ich denn sagen? – Verlegenheit

Vielfach herrscht im Umgang mit direkt betroffenen Trauernden große Verlegenheit. Für viele fängt dies schon mit der Beileidsbekundung am Grab oder im Brief an. »Ja, was soll ich denn sagen?« Das ist eine durchaus verständliche Reaktion; die meisten Menschen kennen das in irgendeiner Form, auch die scheinbar Souveränen, die sich äußerlich der Situation gewachsen zeigen. So »natürlich« Trauer auch ist, so ungewohnt ist sie für uns. Dazu kommt, daß wir sehr viele Alltagsrituale, die früher in solchen Stunden den ersten Schock aufgefangen haben, verlernt haben. Dadurch ist die Konfrontation mit dem Tod und der Trauer viel direkter, schutzloser geworden, wir haben einfach nicht mehr viel an dem wir uns festhalten können, weil »man« das eben in solchen Situationen tut. Was also tut man? Wenn man vor lauter Unsicherheit und Verlegenheit z.B. vorsorglich die Straßenseite wechselt, um einer Begegnung mit dem Betroffenen auszuweichen oder man sich im Supermarkt hinter einem Regal versteckt hält, dann kann dies für den Trauernden sehr schmerzlich sein; denn auch wenn er es vielleicht nicht ausdrücklich bemerkt, so spürt er doch die Atmosphäre, in der so etwas geschieht. Der angemessenere Weg wäre der, sich seiner Verlegenheit zu stellen, auf den Trauernden zuzugehen und z.B. ganz einfach zu sagen: »Frau Müller, ich weiß gar nicht, was ich Ihnen sagen soll, aber ich möchte Ihnen nicht einfach aus dem Weg gehen. Es tut mir aufrichtig leid für Sie.« Damit ist auf jeden Fall die erste Schwelle überwunden – ein Umstand, der von beiden Seiten als wohltuend empfunden wird. Meist ist das »Natürliche« in einer solchen Situation am hilfreichsten.

Die Frage, ob man sich einem Trauernden denn nähern darf oder ihn besser aus Respekt vor seinen Gefühlen erst einmal in Ruhe läßt, sollte man am besten dem Trauernden selbst stellen und ihn beantworten lassen. Das ist besser, als Skrupel zu entwickeln, die im Grunde hauptsächlich einen selber schützen. Aus der zu Anfang dieses Kapitels erwähnten »indirekten« Betroffenheit heraus wird man eher Nähe anbieten und regelrecht suchen, auch nach mehreren Monaten noch einmal nachgehen, wie es demjenigen geht, und sogar dann noch bei ihm bleiben, auch wenn er augenscheinlich vielleicht eher ablehnend reagiert. Es kann durchaus einmal sein, daß der Trauernde mit sich und seinem Kummer allein sein will, aber als Dauerzustand ist das Allein-Sein nicht gut; da muß man auch mal die Courage haben, bei dem Betref-

fenden vorsichtig einzudringen, immer wieder feinfühlig
zuhörend, was für ihn jetzt »dran« ist, wo er steht und was
seine Lebensfähigkeit fördert. Es ist ganz bestimmt nicht
falsch, sich einmal selbst in die Situation des anderen hin-
einzuversetzen und sich zu fragen, was man denn selbst
wollte, wenn man das gleiche erlebt hätte. Dann kann der andere immer noch ablehnend reagieren, aber auf jeden Fall
wird er die echt gemeinte Herzlichkeit spüren.
Trauernde haben nicht viel zu verlieren, denn sie haben ja
bereits verloren. Sie entwickeln ein starkes Gefühl für das,
was echt ist und was Schein oder Illusion ist. Das ist nicht
immer für jeden leicht auszuhalten, denn im Angesicht eines
solchen Menschen wird man sich schnell auch der eigenen
Illusionen und der alltäglichen kleinen und großen Lebens-
lügen bewußt. Der Umgang mit Trauernden kann in dieser
Hinsicht sehr hart für einen selbst sein.
Einen eigenen Abschnitt möchte ich einigen Äußerungen
widmen, von denen Trauernde mir immer wieder berichten,
daß sie sehr schmerzhaft für sie sind. Es gibt Äußerungen, die
gleichsam einen Untertitel haben, eine andere, nicht direkt
genannte Botschaft in sich tragen, weil sie neben der sachli-
chen Information auch noch einen (oft ganz anderen) Ge-
fühlswert auf der Beziehungsebene vermitteln. Ein Standard-
beispiel für ein solches Neben- und Ineinander von verschiedenen Ebenen in einem alltäglichen, neutralen Kontext ist
die Äußerung des Beifahrers gegenüber seiner am Steuer sit-
zenden Frau, während sie vor der Ampel stehen: »Es ist grün.«
Das bedeutet auf der Sachebene nichts anderes als die Information, daß die Ampel nicht oder nicht mehr auf »rot« steht,
sondern grünes Licht zeigt. Auf der Beziehungsebene aber
kann diese scheinbar neutrale Information etwas ganz anderes vermitteln, z.B.: »Siehst du denn nicht, daß du weiterfah-
ren kannst, du bist (mal wieder) unaufmerksam!« oder: »Wann
siehst du endlich ein, daß ich der bessere Fahrer bin?« Vieles
wird dabei vom Tonfall abhängen und von der Situation, in
der solch eine Äußerung fällt. Ich möchte im Zusammenhang
mit dem Umgang mit Trauernden einmal ein paar solcher

»Äußerungen mit Untertitel« zitieren, die vielleicht gar nicht so gemeint sind, die aber durchaus anders ankommen können, als man denkt. Man sagt z.B. zu einem Trauernden: »Wenn du willst, kannst du mich ja mal anrufen.« Das klingt womöglich sehr hilfsbereit, herzlich und offen – aber dieser Satz bedeutet auch, daß man den Trauernden ein ganz klein wenig zum Bittsteller macht. Nicht man selbst will den Kontakt, man ist halt bereit zu helfen, wenn der andere den Kontakt »braucht«. Es setzt, vielleicht ungewollt, den Trauernden etwas herunter, macht ihn klein – einmal abgesehen davon, daß man ihm damit etwas zumutet, was er gerade als Trauernder sehr schwer leisten kann, nämlich sich so weit aus dem eigenen Fenster zu lehnen, daß er selbst auf andere zukommt. Gerade in der Trauer braucht man Menschen, die aus eigenem Antrieb auf einen zugehen. Derselbe Satz »Wenn du willst, kannst du mich ja mal anrufen« kann eventuell auch bedeuten: Konfrontiere mich nicht direkt mit deiner Anwesenheit, laß uns lieber telefonieren.

Andere Beispiele: »Es war doch eine Erlösung für ihn« kann, überspitzt formuliert, im Untertitel heißen: »Nun stell dich bloß nicht so an!«

Die Redewendung: »Es wird Zeit, daß du mal wieder unter die Leute kommst« kann eine berechtigte Sorge ausdrücken, sie kann aber auch bedeuten: »Es wird mir zu eng zusammen mit dir, belaste doch auch mal andere mit deinem Leid« oder ganz einfach: »Du nervst mich.«

Die in vielen Varianten zu hörende Äußerung: »Es hätte ja noch schlimmer kommen können« oder: »Anderen geht es auch nicht immer besser« sieht darüber hinweg, daß es einem Menschen nicht dadurch besser geht, daß es anderen schlechter geht.

Der Satz, einer Mutter gegenüber geäußert, die einige Zeit davor ein Kind tot zur Welt gebracht hatte: »Du hast ja noch die beiden anderen«, zeugt von ausgesprochen geringem Einfühlungsvermögen. Eine nur scheinbar harmlosere Variante in der Situation des Partnerverlustes ist der Satz: »Es gibt doch noch genug andere Männer (Frauen)«. Auch hier wird der Verlust übergangen, die Trauer (und der Trauernde!) wird regelrecht überrannt und weggedrängt. Eine vierzigjährige Frau, die ich einige Zeit in ihrer Trauer um ihren verstorbenen Ehemann begleitet habe, wurde ein Jahr nach der Beerdigung scheinbar ganz locker von einer Bekannten gefragt: »Na, bist du denn immer noch solo?«

Natürlich bewegen sich all diese Äußerungen nicht auf derselben Ebene. Es geht lediglich darum, bezüglich der besonderen Situation, in der der Trauernde sich befindet, empfindsam zu bleiben. Ich möchte Ihnen mit diesen Beispielen, die sich noch um viele erweitern ließen, nicht noch mehr Angst machen, sich Trauernden zu nähern. Im Gegenteil, ich möchte Sie ermutigen, etwas näher an Trauernde heranzurücken und sich selbst treffen zu lassen von ihrem Leid, denn die zitierten Äußerungen zeugen von Abstand, nicht von Nähe!

3. Mitgehen

Nach allem bisher Gesagten muß aber auch einmal festgestellt werden: Trauernde sind schwierige Menschen; genauer: Trauernde sind Menschen in einer schwierigen Lebensphase, in der sie sich im Umgang oft entsprechend verhalten und schwer zu ertragen sind. Ich halte gar nichts davon, diesen Umstand zu leugnen oder zu verharmlosen. Es ist nicht immer einfach, Trauernde auszuhalten, sich womöglich oft dasselbe und immer wieder dasselbe anzuhören und, intensiv mitlebend, oftmals genausowenig Fortschritte zu erkennen wie sie selbst auch. Das kann manchmal ziemlich belastend sein. Zum anderen aber ermuntere ich Trauernde auch immer wieder dazu, sich anderen tatsächlich »zuzumuten«. Denn was sie erleben, gehört zum Leben, und man darf sie nicht dafür verantwortlich machen, daß sie sich unfreiwillig in einem Teil des Lebens bewegen, den man lieber ausblendet als integriert. Wozu hat man Freunde, wenn sie einem nicht auch in einer solchen Situation beistehen können? Die andere Seite im Umgang mit Trauernden ist die, daß sie auch sehr viel geben: echte Zuneigung, ungeschützte Offenheit, Anhänglichkeit, Vertrauen, Unbefangenheit. Man kann ungemein viel dabei lernen, wenn man mit einem spricht, der trauert, der verloren hat und der auf nichts mehr hereinfällt, was nicht echt ist; der weiß, was am Ende des Lebens wirklich zählt und was nicht.

Es ist völlig normal und auch in Ordnung, wenn Sie im Umgang mit einem Trauernden einmal genervt sind. Sie brauchen sich auch nicht alles gefallen zu lassen. Aber werden Sie auf keinen Fall böse, denn der Trauernde meint nicht wirklich Sie, sondern sich und den oder das, was er verloren hat, und er rächt sich gleichsam für den erlittenen Verlust. Er braucht jemanden, der das mit ihm aushält und der ihn so aushält. Sie können ihm dennoch in ruhigen Worten mitteilen, was sein Verhalten oder seine Worte bei Ihnen auslösen, etwa in dem Sinne: »Du, was du da sagst, das tut mir ganz schön weh. Ich sehe das ein bißchen anders ...« Nun ist man ja auch nicht immer in bester Laune, und es kann einem vielleicht auch mal »der Gaul durchgehen«. Aber niemand hindert Sie daran, zu sagen, daß Ihnen der Umgang mit dem Trauernden manchmal schwerfällt. Solange darin die grundlegende Solidarität und Akzeptanz spürbar bleibt, ist dagegen nichts einzuwenden; es ist besser, dies einmal zu äußern als ständig den Ärger zu »schlucken«. Es ist auch völlig in Ordnung, wenn Sie sich für begrenzte(!) Zeit »ausklinken«, etwa mit den Worten: »Ich brauche heute einfach mal etwas Zeit für mich, morgen (oder dann und dann) bin ich wieder für dich da.« So gehen Sie weiterhin mit dem Trauernden mit, lassen ihn nicht im Stich, ohne sich jedoch in allem seinen Stimmungen zu beugen. Denn es muß bei aller Solidarität und Mit-Betroffenheit klar sein, daß in erster Linie *er* einen einschneidenden Verlust erlitten hat und nicht Sie! Diese Klarheit schafft ein wenig Distanz, die aber nötig ist, um dem andern aus dem eigenen Leben heraus wirklich nahe sein zu können. Nähe braucht auch eine gewisse Distanz – umgekehrt ist Distanz ohne Nähe Beziehungslosigkeit.

Machen Sie sich immer wieder klar, daß ein Trauernder sich

in einem gewaltigen Umwälzungsprozeß befindet, der, see-lisch und körperlich, sehr viel Energie erfordert, und daß er sich im Leben erst wieder neu orientieren muß. Es ist eine krisenhafte Zeit, in der er mehr denn je Solidarität und ech-te Nähe braucht, auch dann, wenn er sie augenscheinlich von sich weist. Wenn Freundschaft sich bewähren kann, dann in dieser Zeit! Es bedarf dazu, wie gesagt, keiner be-sonderen Fähigkeiten oder Tugenden; solidarisch sein kann jeder.

Erwarten Sie bitte nicht, daß ein Trauernder auf Sie zu-kommt. Trauernde sind keine »Komm-her-Menschen«, son-dern »Geh-hin-Menschen«! Das oben in anderem Zusam-menhang zitierte Angebot »Du kannst mich anrufen« bein-haltet eine Bewegung nach außen, auf einen anderen zu – genau das fällt in der Zeit der intensiven Trauer oft schwer, zumal man nicht nur an anderen, sondern auch an sich selbst und der eigenen »Normalität« und Zurechnungsfähigkeit zweifelt. Wenn Sie ein solches Angebot aussprechen und er-warten, daß der andere es wahrnimmt, ist eine Enttäuschung schon mehr oder weniger vorprogrammiert. Umgekehrt wird ein Schuh daraus, indem Sie sich fragen: Darf der Trau-ernde von mir erwarten, daß ich ihn geregelt anrufe? Viel-leicht wird dann auch eher spürbar, wieviel Willen und Energie solch ein Anruf unter »normalen« Umständen bereits erfordert. Ich möchte Ihnen dazu eine kleine Anekdote wie-dergeben, die Sogyal Rinpoche, der große buddhistische Lehrmeister und Autor des weltbekannt gewordenen »Tibe-tanischen Buches vom Leben und vom Sterben«, gerne er-zählt:

»Ein Jahr, nachdem ihr Mann gestorben war, wurde eine Wit-we gefragt: ›Hat Ihnen in diesem Jahr Ihrer Trauer etwas ganz besonders geholfen?‹ – Sie antwortete: ›Ja, die Menschen, die immer wieder anriefen und vorbeikamen, *obwohl ich ›nein‹ gesagt hatte*‹.«[10]

Es wird Ihnen im Umgang mit Trauernden auch immer wie-der passieren, daß Sie allem Anschein nach fallengelassen werden. Das kann auch tatsächlich der Fall sein. Aber bedenken Sie dann, daß der Trauernde in der jetzigen Phase seines Lebens vielfach sich selber als »von Gott und der Welt« fallengelassen erfährt, besonders von dem, dessen Verlust er beklagt – jenseits aller Logik und jenseits aller Schuld und Unschuld. Einer, der selbst verzweifelt nach einem Halt sucht, dem kann man eigentlich nicht vorwerfen, daß er einen fallenläßt, auch wenn er es faktisch tut, denn er greift ja in höchster innerer Not (die äußerlich nicht immer sichtbar ist) von einem zum andern, um selbst nicht unterzugehen.

Am Arbeitsplatz oder in vergleichbaren Situationen ist es gegenüber einem trauernden Kollegen m.E. der beste Weg, den Verlust und das Geschehen nicht zu tabuisieren, sondern offen anzusprechen. Auch sollte sich nicht alles in einer Wolke von übergroßem Wohlwollen und überbordendem Mitgefühl ergießen, etwa derart, daß man sagt: »Du weißt doch, er hat kürzlich seine Frau verloren, da muß man doch Verständnis haben.« Dies mag man denken, aber nach meiner Erfahrung ist es das beste, im Arbeitsverhältnis ganz nüchtern zu bleiben und bestimmte Dinge, wie z.B. Fehler oder nicht erbrachte Leistungen, einfach beim Namen zu nennen und sie offen anzusprechen. Man kann einen Patzer o.ä. auch einmal als Einstieg nutzen, dem Trauernden etwas näher zu kommen und ein wenig von seinem Leid mitzutragen. Aber zerstören Sie auf keinen Fall die vorhandenen Arbeitsstrukturen, denn sie stellen für den Trauernden gerade jetzt oft einen wichtigen Halt dar – sind es doch oft die einzigen Strukturen, die immer noch da sind, wenn alles andere zusammengebrochen ist. Ermuntern Sie ihn, in der Arbeit drin zu bleiben, sich nicht zurückzuziehen oder sich krankschreiben zu lassen. Zur Not kann man als Arbeitgeber oder als Abteilungsleiter vielleicht auch zeitweilig ein paar Möglichkeiten anbieten, z.B. in Form von Teilzeitarbeit, wenn es die neue Situation etwa erfordert, daß der Betreffende jetzt auf einmal die Kinder selber vom Kindergarten abholen muß. Bedenken Sie aber beim Gespräch über die Trauer, daß die Arbeit für viele Trauernde einen Schutzraum darstellt, einen Bereich, in dem er gerade einmal seinen Kummer von sich abstreifen und – völlig legitim – verdrängen kann, so daß der Druck, unter den ihn die neue Situation immer wieder setzt, für begrenzte Zeit abnimmt. Fühlen Sie sich also nicht gleich abgewiesen, wenn er sich während der Arbeitszeit nicht so gerne mit Ihnen über seine persönliche Lage unterhält. Gehen Sie lieber nach Feierabend zu ihm nach Hause, wenn Sie wirklich Kontakt wollen.

Noch ein Punkt, der der Beachtung bedarf: Trauer dauert in den meisten Fällen länger, als es der Umgebung lieb ist. Es ist einfach unsinnig zu meinen, daß es nach einem halben Jahr »doch endlich einmal vorbei sein muß«, da »man doch nicht immer nur Trübsal blasen kann« und was dergleichen Sprüche mehr sind. So etwas zeugt von einem gewissen Analphabetismus in diesem Bereich. Zwar stimmt es, daß sich die Art der Trauerverarbeitung im Laufe der Zeit ändert, und es gibt Menschen, die nach einem halben Jahr zumindest nach außen hin wieder »einigermaßen normal« reagieren. Oft genug ist das aber bloß Fassade. Die meisten Menschen brauchen bei einem intensiv erfahrenen Verlust ein bis zwei Jahre, um wieder ein Gleichgewicht zu finden. Es muß überdies klar sein, daß Trauernde nie wieder »die Alten« werden, d.h. sie werden nie mehr ganz so »wie vorher« sein und es auch nicht sein können. Man kann (und darf!) die Trauerzeit und die Umwandlung, die darin stattfindet, nicht übergehen oder die Reifung mit Gewalt beschleunigen wollen: Ein Grashalm wächst nicht dadurch schneller, daß man an ihm zupft. Außerdem ist es keineswegs krankhaft, wenn ein Trauerprozeß länger dauert als der hier genannte Zeitraum, oder wenn er z.B. erst nach ein paar Jahren, oft aus einem völlig anderen Anlaß, richtig einsetzt. Bei einer Trauerfeier, die ich gehalten habe, brach eine junge Frau am Grab ihrer Nachbarin plötzlich in für die Umstehenden völlig überzogenes Weinen aus und gestand schluchzend, daß sie noch nie über ihren Vater habe weinen können, der vor vier Jahren gestorben war. Für sie setzte die Trauerarbeit erst jetzt richtig ein, sie hatte sie gleichsam »verschleppt«.

Erst wenn keine Entwicklung im Trauerprozeß mehr fest-

68

stellbar ist, wenn ein Mensch nicht weiterkommt, »hängenbleibt«, innerlich stillsteht, ist eventuell ein Eingreifen von außen angesagt. All das aber können der Trauernde selbst und die Menschen, die ihm tatsächlich nahe stehen, beurteilen und signalisieren. Auf keinen Fall sollte man da von außen zu schnell ein Urteil fällen. Das gleiche gilt dann, wenn bestimmte Symptome so heftig sind, daß der Trauernde sie zeitweise nicht mehr aus eigener Kraft beherrschen kann. Dann kann ein Arzt vielleicht durch Medikamente Unterstützung bieten und kann ein erfahrener Trauerbegleiter mit Gesprächen weiterhelfen.

Trauer ist nie wirklich »vorbei«. Man kann nur nach und nach eine gewisse Integration erreichen, wobei das Geschehene – der erlittene Verlust – für immer(!) einen Platz erhält und der Schmerz nicht mehr vorherrschend ist, sondern vielleicht manchmal noch in kleinen Stichen aufflammt, und worin auch der Verstorbene als solcher integriert ist und eine anders geartete Verbindung zu ihm hergestellt ist. Er ist nicht »vergessen« oder »begraben«, sondern eher »zur Ruhe gekommen« im Trauernden.

4. Keine Angst vor Trauer

Wenn man sich einmal ehrlich fragt, warum denn die Schwelle hin zu trauernden Menschen so hoch ist, dann kommt man sehr schnell darauf, daß die eigene Verlegenheit dabei eine Rolle spielt, eine gewisse Unsicherheit, wie man sich denn verhalten soll. Das habe ich hier bereits von der praktischen Seite her aufgegriffen, habe ein paar kleine Hilfsmittel an die Hand gegeben und auch auf den »doppelten Boden« hingewiesen, den so manche Äußerung in ihrer Wirkung auf den Trauernden haben kann. Was aber ist der *Grund* unserer Verlegenheit und Unsicherheit? Ich denke, daß hinter allem eine gewisse Angst liegt, die Angst vor der Konfrontation mit dem Bereich Sterben – Tod – Trauer, zumal die Angst vor dem eigenen Tod, was ja automatisch immer mitschwingt in dem, wie wir uns dem Tod und der Trauer – dem Trauernden – gegenüber verhalten. Deshalb ist es so wichtig, daß jemand, der einem anderen in seiner Trauer nahe sein will, an seine eigenen Erfahrungen anknüpft (»indirekte Betroffenheit«). Je offener und freier ich selbst in meinen eigenen Erfahrungen bin, desto offener und freier kann ich für den anderen da sein. Auch für »professionelle« Kräfte im pflegerischen Bereich oder im seelsorglich-dienstleistenden Bereich führt deshalb kein Weg daran vorbei, sich gerade den eigenen Erfahrungen von Sterben, Tod und Trauer zu stellen.

Aber der Umgang mit Trauernden konfrontiert den Begleitenden nicht nur mit der eigenen Trauer, sondern auch mit den Sinnfragen seines Lebens. Trauernde sind Menschen, die im Extremfall nichts mehr zu verlieren haben, da sie das Wichtigste, das sie hatten, gerade verloren haben. Sie stellen Fragen nach dem Sinn ihres (Weiter-) Lebens. Die Frage nach dem Tod stellt von selbst auch die Frage nach dem Leben. Deshalb kommen in einem Trauerprozeß auch immer wieder die grundsätzlichen Fragen nach dem Lebensplan, der Ausrichtung des eigenen Lebens zur Sprache. Das »ungelebte Leben« mit dem Verstorbenen, das, was nicht mehr möglich ist, deckt auch das eigene noch ungelebte Leben auf. Die Frage, die sich immer wieder stellt, lautet: »Wofür lohnt es sich wirklich zu leben?« Man braucht als Begleiter kein »Patentrezept« in der Tasche zu haben, im Gegenteil: Fertige und dadurch »geschlossene« Antworten verhindern eine fruchtbare Auseinandersetzung mit dem eigenen Leben eher, als daß sie sie fördern, auch dann, wenn sie religiöser Überzeugung entspringen. Es gibt in diesem Zusammenhang nur ein einziges Dogma, nämlich daß es kein Dogma geben darf. Es bedarf beim Begleiter der Offenheit und der Bereitschaft, sich diesen Fragen zu stellen, mit den *Fragen* zu leben. Hierin liegt m.E. ein wichtiger Auslöser der Angst vor dem Umgang mit Trauernden. Wir spüren, daß wir diesen Fragen – die unsere eigenen Lebensfragen sind – nicht ausweichen können, wenn wir uns auf den Trauernden wirklich einlassen wollen. Es ist also, etwas abstrakter formuliert, nicht nur die Verdrängung des Todes, die uns davor zurückschrecken (Angst haben, unsicher und verlegen werden) läßt, sondern auch die Verdrängung des Lebens, nämlich der eigenen Lebens- und Sinnfragen. Wenn ich mich selbst nicht mit diesen Fragen auseinandergesetzt habe und bereit bin, mich jederzeit wieder damit auseinanderzusetzen, dann werde ich als Begleiter diese Fragen auch beim Trauernden nicht »heraushören« und sie tunlichst (oder unbewußt) vermeiden. Wenn ich mich aber an die wirklichen Fragen, die ein anderer oft nur gleichsam »zwischen den Zeilen« stellt, nicht heranwage, dann werde ich nicht wirklich »trösten«, sondern nur billig »vertrösten« können, wodurch der Trauernde im Endeffekt noch »Trost-loser«(!) zurückbleibt, als er sowieso schon ist. Trost vertröstet nicht, sondern stellt sich den Fragen und bleibt dadurch beim anderen, der sich mit diesen Fragen plötzlich und ungewollt durch die Katastrophe des Verlustes konfrontiert sieht. Sache des Begleiters, zumal desjenigen, der beruflich mit Trauernden zu tun hat, ist es, sich gleichsam im voraus selbst den eigenen Fragen nach Sterben, Tod und Trauer, aber gerade auch den Fragen nach dem eigenen Leben zu stellen, dafür offen zu sein, selbst mit solchen Fragen zu leben und die (oft gerade unterschwellig vorhandene) Angst davor zu überwinden. »Trost« hängt vom Wortsinn übrigens mit dem Wort »Treue« zusammen. Trost bedeutet, daß man jemandem treu ist, ihm beisteht, ohne auszuweichen, und dadurch am eigenen Leibe demonstriert, daß es einen Ausweg aus der Situation gibt, in der der Trauernde sich befindet, daß es Sinn hat, durch diese Zeit hindurchzugehen, daß es Sinn hat weiterzuleben. Mancher (auch ganz unprofessionelle) Begleiter eines Trauernden ist so schon, meist unwissentlich, zum Lebensretter geworden.

IV. Offene Fragen

In diesem Kapitel möchte ich einige Fragen aufgreifen, die im Zusammenhang mit der Trauerarbeit immer wieder von Trauernden gestellt werden. Es betrifft (1) den Trauerprozeß als solchen, seinen »normalen« Verlauf, (2) Fragen nach dem »Danach« oder »Jenseits« und zuletzt (3) die ganz praktischen Fragen im Zusammenhang mit der Kindererziehung. Bei den Antworten, die ich zu diesen Fragen gebe, habe ich mich wiederum leiten lassen von ihrer Praxisnähe und Verständlichkeit. Natürlich handelt es sich dabei nur um Ansätze, aber ich werde bei jedem Thema auch Literatur nennen für diejenigen, die sich mit dieser Frage weitergehend auseinandersetzen möchten.

1. Wohin geht die Reise? Über Trauerphasen

Für den Verlauf des Trauerprozesses gibt es keine feste Norm. Jeder Trauerprozeß ist individuell und individuell unterschiedlich. Trotz aller Unterschiede hat man in den letzten Jahrzehnten durch Beschreibungen und Untersuchungen verschiedene Modelle für den Verlauf des Trauerprozesses entwickeln können, weil sich gezeigt hat, daß bestimmte Entwicklungen und Schritte in diesem Prozeß bei den meisten Menschen ähnlich sind. Die so entstandenen Modelle dienen aber ausschließlich zur Beschreibung und zur Orientierung für die Begleitung Trauernder und auf gar keinen Fall als ein Normmodell für einen »richtigen« Verlauf der Trauer, so als ob man anhand des Modells sich oder anderen vorschreiben könnte, was noch alles an Trauerarbeit zu leisten ist.
Zunächst kann man den Trauerprozeß grob in zwei Teile aufteilen: 1. einen Teil, in dem die Verarbeitung des erlittenen Verlustes im Vordergrund steht, und 2. einen Teil, in dem es um den Neuaufbau des eigenen Lebens geht. Diese beiden

Teile sind nie ganz voneinander zu trennen, denn in der Verarbeitung des Verlustes liegen bereits die Fundamente für den Neuaufbau. Trotzdem kann man vom Interessenschwerpunkt und von der Ausrichtung der Gedanken des Trauernden ausgehend den genannten Unterschied machen. Er macht sich z.B. dann bemerkbar, wenn in einer Trauergruppe, die schon einige Zeit »unterwegs« ist, jemand neu hinzukommt. Auf einmal wird sichtbar, daß der eine oder andere schon »weiter« ist, d.h. sich tendenziell schon eher im Aufbau als in der Verarbeitung des Verlustes befindet. Man kann als Trauernder auch selbst mit ein wenig Feingefühl spüren, ob man tatsächlich schon die »Talsohle« hinter sich gelassen hat und sich im Aufgang befindet oder ob man schwerpunktmäßig eher damit beschäftigt ist, den erlittenen Verlust zu verarbeiten. Wohlgemerkt, das eine ist nicht »besser« als das andere. Jeden Schritt, den man im Trauerprozeß überschlägt, bekommt man sowieso noch einmal zur Bearbeitung zurück. Aber in der Begleitung ist es gut, in der Einschätzung der Entwicklung diesen Unterschied zu machen, da nämlich Trauernde, die sich im Neuaufbau befinden, auch einiger Impulse und Anregungen bedürfen, für die sie gerade anfangs überhaupt nicht zugänglich sind.

Die inzwischen überaus bekannten Phasenmodelle der Trauer, z.B. von Yorick Spiegel, Verena Kast, John Bowlby und anderen, bewegen sich überwiegend im ersten Teilbereich der Trauerarbeit, sie richten sich auf einzelne Phasen in der Verarbeitung des Verlustes. Ein vergleichbares Modell für die Zeit des Neuaufbaus ist mir noch nicht begegnet.

Ich habe bereits erwähnt, daß Trauerverarbeitung kein linearer, d.h. geradliniger Prozeß ist, sondern daß er eher einer spiralförmigen Bewegung ähnelt. Insofern kann man die einzelnen Phasen nicht »durchlaufen«, geschweige denn »abhaken« und hinter sich lassen: Sie kehren in verschiedenen Formen und auf unterschiedlichem Niveau, oft zu unerwarteten Zeiten, immer wieder. Auf eine genaue Darstellung und Abgrenzung der einzelnen Modelle soll hier gerne verzichtet werden. Wer dies im einzelnen nachlesen will, sei auf die ent-

sprechenden Titel in den Literaturhinweisen (S. 105) ver-
wiesen.

Einig sind sich die verschiedenen Autoren darin, daß am Anfang des Trauerprozesses der Trauernde eine Art Schock er-
leidet. Er kann (und will) den Tod des geliebten Menschen
nicht wahrhaben. Obwohl die rationale Einsicht da ist, kann
das Gefühl noch nicht mitkommen, alles erscheint wie ein
böser Traum, aus dem man irgendwann zu erwachen hofft,
bei dem man aber nach und nach feststellt, daß es sich um
die grausige Realität handelt. Diese Phase des Schocks dauert im allgemeinen nicht so lange, sie tritt aber in subtilerer
Form in verschiedenen Spielarten der Verleugnung der nicht
gewollten Realität immer wieder auf.

Der Schock wird teilweise dadurch aufgefangen, daß man gerade in den ersten Tagen sehr viel zu regeln hat; man »be-
herrscht sich« und versucht das Geschehene »irgendwie zu
überleben«. Erst in den Tagen nach der Beisetzung, wenn die
erste Aufregung vorbei und das Nötige geregelt ist, kommt
bei vielen das befürchtete »Loch«: Man weiß nicht, wo man
steht, und mit jedem Pulsschlag wird einem bewußt, daß
jetzt nichts mehr so ist wie vorher, alles scheint still zu stehen, nichts geht mehr. Andererseits aber, und in regelrech-
tem und deutlich spürbarem Kontrast dazu, geht das Leben
um einen herum einfach weiter, gleichsam als wäre nichts
geschehen. Das ist nicht selten eine bestürzende Wahrnehmung. Es ist, als ob das Geschehen erst jetzt so richtig zu einem durchdringen würde. Plötzlich werden Gefühle wach,
von denen man kaum einmal ahnte, daß sie in einem sein
könnten. Wie schwere Wellen bricht es über einem zusammen, und gerade wenn man sich wieder ein bißchen »gefangen« hat, kommt der nächste Brecher ... Nichts ist mehr normal, alles ist (im wörtlichen Sinne) »ver-rückt«, d.h. es ist
nichts mehr an seinem Platz, wo es vorher einmal war. Die
Art und Weise, wie man sonst »mit den Dingen fertig wird«,
zeigt plötzlich keine Wirkung mehr, die Bestürzung ist in
manchen Momenten komplett, und man kann sich gar nicht
mehr vorstellen, daß man jemals noch andere Zeiten erleben

wird. Dann geht es für ein paar Stunden, manchmal sogar für ein paar Tage wieder ein wenig besser, man sucht sich zurechtzufinden, denn irgendwie muß es ja weitergehen. Doch immer wieder wird dieses Suchen jäh unterbrochen von dunklen Momenten, in denen nichts mehr geht. Doch nach und nach, ganz allmählich, werden die Intervalle des Kummers etwas kürzer, löst sich die vielleicht vorhandene Versteifung ein wenig, fließen die Tränen, bei denen man manchmal das Gefühl hatte, daß sie gar nicht mehr aufhören wollen und man regelrecht »leer läuft«, etwas langsamer, nicht mehr Tag und Nacht. Man sucht wieder etwas Orientierung, versucht »irgendwie« weiterzuleben. Hand in Hand damit geht es, daß man ganz allmählich ein wenig mehr loslassen, sich vom Verstorbenen verabschieden kann – wie gesagt, nicht linear in klar abzugrenzenden Phasen, sondern wellenförmig, spiralförmig sich fortbewegend. All das braucht Zeit, nur ganz allmählich, und an manchen Tagen überhaupt nicht spürbar, geht es weiter, kann man sich in winzig kleinen Schritten verabschieden und sich mit der neuen Situation notgedrungen einlassen.

Allmählich wird der Blick freier, gelingt es einem, schon mal ab und zu über den Rand des eigenen Tellers zu schauen, die Welt um sich herum etwas ruhiger wahrzunehmen. Es deutet sich ganz langsam ein Umschwung an, in dem man sein eigenes, »neues« Leben auf sich zu nehmen lernt. Manchmal geht es einem ganz unmotiviert besser, das Leben scheint einigermaßen tragbar zu sein, manchmal aber fällt man ebenso unvorbereitet oder aus ganz nichtigem Anlaß »zurück«, befindet sich plötzlich wieder in einem Loch und weiß gar nicht, wie man dort wieder herauskommen soll. Was in solchen Momenten hilft und was nicht, ist in den ersten Kapiteln dieses Buches bereits ein wenig umrissen worden.

Die vorhandenen Modelle der Trauerphasen enden meist in dem Moment, wo so etwas wie eine neue Integration gegeben ist, wo man gelernt hat, mit dem Verlust zu leben. Hier hört tatsächlich die Trauerarbeit im engeren Sinne auf. Ich möchte aber noch einen kleinen Schritt weitergehen, weil ich die Erfahrung gemacht habe, daß in der Zeit danach, gleichsam nach Abrundung der Verlustverarbeitung, ein zweiter Teil der Trauerarbeit in den Vordergrund tritt: der Neuaufbau. Selbstverständlich beginnt dieser Neuaufbau nicht bei irgendeinem künstlichen »Nullpunkt«. Aber die Tatsache, daß man keinen eindeutigen Beginn festlegen kann, darf nicht darüber hinwegtäuschen, daß in der Trauer auch etwas Neues geschieht. Trauer ist ein kreativer Umwandlungsprozeß, bei dem tatsächlich Dinge ans Tageslicht dringen, die sich vorher völlig im Hintergrund befanden. Man lernt nämlich nicht nur, sich den neuen Gegebenheiten anzupassen, sondern auch, sich selbst neu zu definieren. Andere Seiten als bislang bekannt treten in den Vordergrund, man schält sich gleichsam noch einmal wie ein Küken aus dem Ei, auch wenn der Grund dafür eher Not ist als Lebensfreude. Man ist in der Trauer ein »neuer«, anderer Mensch geworden. Auch diese Zeit des Neuaufbaus hat verschiedene Phasen. Meines Wissens gibt es darüber noch keine Untersuchungen, aber in meiner Arbeit als Trauerbegleiter erkenne ich immer wieder einzelne Abschnitte, die ebensowenig wie die Trauerphasen scharf voneinander abzugrenzen sind, die aber doch unterschiedliche Schwerpunkte beschreiben.

Zunächst werden nach und nach ein paar kleinere und größere »Stützpunkte« im großen See der Orientierungslosigkeit sichtbar. Man stellt fest: Dies und das gehört ganz offensichtlich zu mir, zu meinem ureigenen Leben. Es findet so etwas wie eine schöpferische Scheidung statt, so wie in der alten mythologischen Geschichte von der Erschaffung der Welt Gott das Wasser und das Land voneinander »scheidet«. Man trennt das eigene Leben von dem des Verstorbenen oder dem gemeinsam Durchlebten und macht es sich dadurch »zu eigen«. Dies wird ab und zu begleitet von einer positiven Grundstimmung, manchmal auch von einer neuen Lebenslust, wenn auch immer wieder von eher depressiven Phasen unterbrochen. Man entdeckt einen »grünen Zweig« – auch wenn der noch lange nicht so tragfähig ist, daß man darauf sitzen und ausruhen kann. In dieser Phase tritt der

Verstorbene in Träumen, Phantasien oder in anderen tieferen Formen der Kommunikation ab und zu auch als eine Art Gönner oder Stimulator auf, als jemand, der Freude daran hat, daß man nun auf diese oder jene Art weiterlebt und so sein geistiges Erbe antritt. »Mein Partner wäre stolz auf mich« ist ein Satz, der dies zum Ausdruck bringt. Manche getrauen sich auch, diesen Satz in die Gegenwart zu setzen, etwa in der Art: »Ich glaube, mein Partner ist jetzt ganz stolz auf mich«. Im Laufe dieser Entwicklung – die immer wieder von kleineren oder größeren »Rückschlägen«, d.h. längeren Anläufen (vgl. Kap. II) oder »Stichen« aus der Vergangenheit begleitet wird – geht das »neue« Leben tatsächlich über das hinaus, was vorher da war, bevor der Verlust eintrat. Natürlich ist nicht alles neu, man nimmt sich selbst, sicher charakterlich, in die neue Situation mit hinein. Ähnliches gilt für das Vermächtnis des Verstorbenen, denn man nimmt auch ihn (sie) mit in das neue Leben. Besonders in der Beziehung zu den Eltern, aber auch beim Tod des Lebenspartners, findet in der Zeit des Neuaufbaus so etwas wie die Übergabe des Stabes im Staffellauf statt: Man übernimmt ein Stück Leben des anderen und führt es selbst um einige Schritte weiter. Dieser Moment der Übergabe und des Aufgreifens des geistigen Vermächtnisses (etwas, was aber keineswegs an den Tod des anderen gebunden ist) bildet so etwas wie den lebendigen Abschluß der Trauerarbeit. »Lebendiger« Abschluß deshalb, weil es sich dabei nicht um einen festlegbaren Moment, sondern um einen sich immer wieder in anderer Form wiederholenden Prozeß handelt, der einen lebenslänglich begleitet und in dem die Trauer mit ins neue Leben aufgenommen ist.

2. Wo ist sie jetzt?
Über Himmel, Hölle, Fegefeuer und darüber,
warum Engel Flügel haben

Oft stellen Kinder diese Frage ganz direkt: »Wenn die Oma tot ist, wo ist sie denn jetzt?« Vielfach lautet die Antwort dann: »Im Himmel« oder: »Es geht ihr jetzt besser« – aber wissen Sie eigentlich, was Sie da sagen, oder sind Sie im stillen froh, wenn Ihr Kind nicht weiter fragt, wo denn nun der Himmel ist? Wie denken Sie selbst über ein Leben »danach«? Die Untersuchungen u.a. von Raymond Moody und von Elisabeth Kübler-Ross[11] über die sogenannten »Nahtoderlebnisse« sind inzwischen allgemein bekannt. Da wird berichtet von einem langen, dunklen Tunnel, an dessen Ende ein Licht strahlt, von den früher Verstorbenen, die den Sterbenden »abholen« und (wie in den untersuchten Fällen) auch wieder »zurückschicken«. Wer will, kann dies im einzelnen nachlesen. Hier aber möchte ich mich dem theologischen Aspekt des »Lebens nach dem Tod« widmen, wofür man in der jüdisch-christlichen Tradition die Bilder von Himmel, Hölle und Fegefeuer gebraucht hat. Mein Ansatz liegt nach wie vor bei der konkreten Erfahrung. Ich werde also sehr »irdisch« darauf eingehen, d.h. die transzendenten Erfahrungen nicht leugnen, sondern zunächst deren Grundlage im alltäglichen menschlichen Leben – und es gibt keine andere Grundlage, egal für welche transzendente Erfahrung auch immer – beschreiben, um von dort aus Fingerzeige zu geben, die weiterführen können.

Was also sagt man von einem Verstorbenen, wenn man sagt, er sei jetzt »im Himmel«? Anders gefragt: Was bedeutet »Himmel« eigentlich? – Eine auf den ersten Blick sehr einfache Erklärung ist: »Himmel« ist der Ort, wo Liebe (Gott) wohnt.

Beim zweiten Blick stellt sich dann vielleicht die Frage: Was heißt denn »Ort«? Auch das ist wiederum ein Bild für eine nicht greifbare Wirklichkeit, denn der Himmel ist nicht etwas, was tatsächlich lokalisierbar ist. Zwar hat man den Himmel »oben« angesiedelt, was aber wohl mehr damit zu tun hat, daß man ausdrücken wollte, daß dieser »Ort« nicht erreichbar ist und daß es sich zudem dabei um etwas handelt, was über den Menschen hinausgeht, was ihn im Vergleich dazu klein und nichtig erscheinen läßt. Aber der Himmel ist kein Ort in der Milchstraße oder in irgendeinem anderen Sonnensystem. Bei »Himmel« muß es sich also um etwas handeln, was nicht ortsgebunden, sondern gleichsam überall und nirgends ist, d.h. was unabhängig von Raum und Zeit da ist.

Himmel als der »Ort«, wo Liebe wohnt, ist also überall da, wo Liebe zu Hause ist, wo die Liebe gleichsam das Sagen hat. Gläubige Menschen sprechen vom Himmel als dem Ort, wo Gott wohnt, denn die Liebe kommt von Gott, Gott selbst ist »Liebe-in-Person« und zugleich ihr Ursprung. Gott ist überall zu finden, wo Liebe ist: zwischen Menschen, im eigenen Herzen, in der Natur usw. Im Grunde gibt es auf der Erde nichts und niemanden, das nicht mit der Liebe in Berührung gebracht werden kann. Wenn wir Menschen Liebe erfahren, dann ahnen wir manchmal etwas davon, daß dies, was wir da erfahren, uns selbst und alles, was wir kennen, übersteigt. In jedem kleinen Stückchen menschlicher Liebe spiegelt sich gleichsam eine große, alles und jeden übersteigende (transzendente) Liebe – die Grundlage religiöser Erfahrung. Wenn jemand »im Himmel« ist, dann sagen wir also, daß er darin aufgenommen ist. Dieses Aufgenommensein kann man aber nicht konkret beschreiben, dafür brauchen wir wiederum Bilder. So kann man es vergleichen mit einem Bach, der irgendwann im riesigen Ozean mündet und darin »aufgenommen« ist, oder mit einer Schwingung im Äther oder einem Lichtstrahl der Sonne. Diese Bilder – so vielsagend sie auch sind – werden der Person dessen, der »aufgenommen« ist, nicht ganz gerecht. Denn in der Liebe gibt es nichts Unpersönliches, die Einmaligkeit eines Menschen und die Verbindung zu ihm sind durch das Aufgenommensein nicht verwischt, und insofern hinkt der Vergleich. Trotzdem ist »Himmel« nichts anderes als die Vorstellung totaler Liebe, in die ein Mensch im Tode aufgenommen wird. Einem Kind (aber auch vielen Erwachsenen) macht man das, was Himmel ist, nicht klar, indem man etwas von Wolken und vom Sternenhimmel erzählt. Nehmen Sie Ihr Kind lieber zärtlich in den Arm und erklären Sie so die Geborgenheit, in die ein Mensch aufgenommen ist, der »im Himmel« ist. Wo Liebe nicht erfahrbar wird, hat es keinen Sinn, vom Himmel zu erzählen. Der Sternenhimmel hat dann wieder Sinn, wenn man nicht sagt, daß die so sehr geliebte Oma jetzt auf einem der Sterne wohnt, sondern wenn man etwas von den unendlichen und unüberschaubaren Lebensmöglichkeiten »hinter« unserer alltäglichen kleinen Welt spürbar machen kann, d.h. daß es »mehr« gibt als das, was wir hören, sehen und tasten können. Gerade im Umgang mit Kindern und Jugendlichen ist es wichtig, bei der eigenen, authentischen Erfahrung zu bleiben und auf dieser Basis auch auf weiterreichende, transzendente Möglichkeiten zu weisen bzw. sie dafür zu sensibilisieren. Es gibt konkrete Erfahrungen, die in die Richtung des Himmels weisen. Es gibt auch Erfahrungen, die in eine gegenteilige Richtung zeigen. Das sind z.B. Erfahrungen von Kälte und Unerreichbarkeit im Zusammenleben mit Menschen, von völliger Verlassenheit und Verzweiflung. Im konkreten Lebensbereich sind es nicht einmal so sehr die großen Katastrophen, die einem »das Leben zur Hölle machen«, sondern es ist das Elend des Unveränderlichen, der Ohnmacht und der Hoffnungslosigkeit. »Hölle« wird nicht erfahrbar durch rote Teufel im Feuerofen, sondern in der Kälte zwischen Menschen, die sich einmal liebhatten und die ihre Liebe verloren haben, aber in dieser Situation völlig gefangen sind; sie wird erfahrbar in der materiellen Aussichtslosigkeit, in der viele Menschen leben müssen, nur weil sie nicht im westlichen Erdteil geboren sind; in der völlig irrationalen Art, in der wir Menschen diesen unseren Planeten ausbeuten und zugrunde richten. Teufel und Dämonen sind an sich keine Spukgestalten, sondern – wie auf der anderen Seite die Engel – personifizierte Darstellungen von Kräften, die ganz real im Leben existieren, die einen in eine falsche Richtung ziehen, die nicht zum Leben führen, sondern in einen sozusagen wirklich »tödlichen« Tod.

Im Zuge einer eher mittelalterlich orientierten Theologie sind Himmel und Hölle vor allem moralische Kategorien geworden und geblieben und haben sich als solche tief in den Volksglauben verwurzelt: Wer »gut« ist, kommt in den Himmel – wer »böse« oder »schlecht« ist, kommt in die Hölle. Ich denke, wir müssen endlich einmal mit dieser etwas simplen und unsinnigen Verteilung aufhören. Zwar lassen sich viele Menschen Gott(!) sei dank nicht mehr mit der Hölle drohen und vorschreiben, was denn »gut« und was »böse« sei, aber die Angst vor der endgültigen Verurteilung und dem definitiven Untergang ist gerade im Zusammenhang mit dem Tod eines Menschen nach wie vor groß. Die Frage ist gar nicht so sehr, ob ein Mensch »in den Himmel« oder »in die Hölle« kommt, sondern ob ein Mensch im Leben zum Leben findet oder ob er auch schon im Leben »mausetot« ist, ob er Spuren von Liebe hinterläßt oder Spuren von Haß und Kälte. Ich glaube, daß jeder Mensch ein wenig »Hölle« in sich hat, genauso wie er »Himmel« in sich trägt. Jeder Mensch kann sich in manchen Momenten für diese oder jene Richtung, für Tod oder Leben entscheiden. Aber in der Praxis wird es fast nie *ausschließlich* die eine oder die andere Seite sein. Wenn es wahr ist, was Richard Moody oder Elisabeth Kübler-Ross und andere von den Nahtoderlebnissen berichten: daß am Ende des Lebens eine Art von Rückblick erfolgt, in dem man wie in einem Spiegel sieht, was war und was dagegen in Liebe hätte sein können, dann kann ich mir vorstellen, daß einen jeden Menschen eine tiefe Scham und Trauer befällt, wenn er die ungelebten Möglichkeiten seines Lebens vor sich sieht.

Das Fegefeuer – gleichsam die Zwischenstation zwischen Himmel und Hölle – ist gedacht als eine reinigende Instanz oder eine vorübergehende Zeit der Reifung und der Buße vor dem Übergang in den Himmel. Auch hier kann man leicht einen bedrohlich-moralisierenden Ton heraushören, in den das eine oder andere in diesem Zusammenhang gerade in den letzten Jahrhunderten pervertiert wurde. Woran aber festgehalten werden kann, ist, daß Menschen am Ende zu dem hingeführt werden, was wirklich wichtig und wesentlich ist, was gleichsam reinigt von allem, was mitgeschwemmt wird, von allem inneren und äußeren Unrat. Sie »gehen durchs Feuer«, sie machen einen Entwicklungsprozeß durch, der sie am Rand des Abgrunds vorbeiführt. Hierin besteht eine der realen Erfahrungsmöglichkeiten für das, was mit »Fegefeuer« bezeichnet wird.

So wie im Feuer Gold von allen anderen Metallen, die es unrein machen, gereinigt wird, ist die Läuterung eines Menschen ein schmerzlicher, »feuriger« Prozeß. Wenn ein Mensch sich lange Zeit in eine ungute, ungesunde, unfruchtbare Richtung bewegt, dann wird er vielleicht irgendwann merken, daß er so nicht weiterkommt. Wenn er dann umkehrt, wird er erfahren, daß er jeden Schritt, den er in die falsche Richtung gegangen ist, innerlich noch einmal zurückgehen muß, um seine Entscheidungen zu revidieren und seinem Leben eine andere Richtung zu geben. Ähnliches gilt auch für gänzlich »unverschuldete« Krisen. Gerade der Trauernde wird seinen Trauerprozeß im nachhinein oft als ein solches »Fegefeuer« betrachten, an dessen Ende er gereift und dem nähergekommen ist, was für ihn in seinem Leben wirklich zählt, und in dem er einen Verlust verarbeiten mußte, der eigentlich gar nicht zu verarbeiten war. Das Fegefeuer hat daher mehr mit Reifung und Läuterung als mit Moral und Verurteilung zu tun.

Niemand kann mit Sicherheit sagen, was nach dem Tod kommt, aber wir können bei unserer »diesseitigen« Erfahrung ansetzen, um so vielleicht einen kleinen Blick über den Rand unseres diesseitigen Lebens werfen zu können. Nichts ist darin so schädlich wie Angst: Liebe und Angst vertragen sich nicht.

Damit komme ich zum letzten Stichwort in diesem Zusammenhang: Es gibt Menschen, aber auch Momente oder Situationen, die einem im positiven Sinne den Blick für etwas öffnen, was man bis dahin nicht gesehen oder erlebt hatte. Sie sind wie Boten aus einer anderen Welt, der Welt, in der Liebe herrscht, sie sind gleichsam vom Himmel gesandt. Das lateinische Wort für »Bote« oder »Gesandter« ist *angelus,* woher unser Wort »Engel« stammt. Engel sind also Menschen (oder Kräfte), die einem den Weg in den Himmel eröffnen, die einem in Liebe so nahe sind, daß darin eine tiefere Wahrheit durchschimmert. Engel lassen das Licht durchscheinen.

In künstlerischen Darstellungen bekommen Engel Flügel, einerseits um auszudrücken, daß sie »von oben« kommen, andererseits um zu zeigen, daß sie Menschen beschützen, ›unter ihre Fittiche nehmen‹ können. Auch hierbei handelt es sich also um reale Erfahrungen, die Menschen sinnbildlich dargestellt haben.

Ob Engel nun eigenständige Wesen sind, ob und wie der Himmel und die Hölle als solche unabhängig von der Erfahrung existieren und als solche (dogmatisch) »geglaubt werden müssen« – diese Diskussion soll an dieser Stelle nicht geführt werden. Mir geht es hier um einen im Leben nachvollziehbaren Ansatz bei der Erfahrung einer »höheren« oder »anderen« Wirklichkeit, die zunächst einmal – aber nicht nur – nichts anderes ist als eine reale Dimension dieser einen Wirklichkeit, in der wir leben.

3. Wie sag ich´s meinem Kinde?
Über Trauererziehung

Sind Kinder nicht zu jung für so etwas? – Eine Frage, wie ich sie immer wieder höre, wenn es darum geht, Abschied von einem Verstorbenen zu nehmen. Meine Antwort lautet: Nein, Kinder sind nicht zu jung für so etwas. In den Befürchtungen, daß sie durch den Anblick des Toten vielleicht nicht mehr schlafen könnten oder daß sich das Bild vom Sarg, der in das Grab sinkt, lebenslang einprägt, spiegeln sich nur »erwachsene« Ängste, nicht die des Kindes. Kinder sind, im Gegenteil, zu einer »natürlichen« Trauer vielfach weitaus fähiger als Erwachsene. Kinder können auf ihre Art sehr »gut«, d.h. authentisch trauern. Für sie ist trauern und traurig sein genauso wie spielen oder schlafen etwas ganz Alltägliches. Wenn sie traurig sind, sind sie traurig, aber im nächsten Moment kann das ganz anders sein. Für Erwachsene kann das manchmal befremdlich wirken, sie wundern sich, daß ihr Kind augenscheinlich gar nicht so traurig ist, und sind ebenso überrascht, wenn dann »wie aus heiterem Himmel« Fragen gestellt werden, bei denen man merkt, wie sehr das Kind damit beschäftigt ist.

Trauererziehung ist sehr wichtig, aber sie sollte nicht unbedingt ein eigenes Kapitel im gesamten Erziehungsprozeß darstellen, sondern ähnlich wie die Sexualerziehung von Anfang an ein integrierter Bestandteil sein. Genauso wie das Kind nach und nach mit den Vorgängen der Geburt und der Zeugung vertraut gemacht wird, sollen das Sterben und der Tod aus seinem Sichtfeld nicht ausgeschlossen werden. Das bedeutet nicht, daß Sterben, Tod und Trauer permanent ein Thema sein müssen. Vielmehr sollen Sterben und Tod als in den natürlichen Ablauf des Lebens gehörend vermittelt werden. In unserer (westlichen) Gesellschaft ist dies jedoch nicht so einfach, da dieser Bereich nach wie vor mit vielen Tabus belegt ist: Man schaut lieber nicht hin, spricht – wenn überhaupt – nur mit gedämpfter Stimme darüber, so wie man auf der anderen Seite über eine Geburt in freudigem Tonfall spricht. Zudem herrscht im Zusammenhang mit dem Sterben und der Trauer ein großes Informationsdefizit, zumindest was den »nahen« Tod betrifft, d.h. den Tod, der uns persönlich angeht, im Gegensatz zum »fernen« Tod, der uns tagtäglich über die Medien erreicht und vorgeführt wird. Es gibt in den letzten Jahren einige Ansätze zu einem Umdenken und zu einer bewußten Integration. So wächst z.B. im Rahmen der Hospizarbeit das Bewußtsein dafür, wie wichtig ein persönlicher, »ent-anonymisierter« und begleiteter Sterbeprozeß ist. Die Erfolge der Palliativmedizin haben ebenfalls eine bewußtseinsverändernde Wirkung erbracht, und auch die Flut der Literatur zu Sterbebegleitung und Trauer zeugt von wachsendem Interesse.

Ich möchte Ihnen im folgenden ein paar Anregungen mitgeben, wie Sie eine offene und integrierte Erziehung Ihrer eigenen Kinder oder anderer, Ihnen z.B. im Beruf anvertrauter Kinder und Jugendlicher fördern können. Ich tue dies in Form von drei der Erfahrung erwachsenen Grundregeln.

(1) Eigene Gedanken und Gefühle bewußt machen

Dies ist zugleich die wichtigste und schwierigste Regel im
Sprechen mit Kindern und Jugendlichen. Man muß sich der
eigenen Haltung bewußt werden, bevor man sich darüber
mit den »Kids« auseinandersetzt, denn man kann nur das
glaubhaft weitergeben, was man selbst durchlebt hat. Gerade Kinder haben ein ausgesprochenes Feingefühl dafür, ob
jemand echt oder aufgesetzt reagiert. Fehler machen ist
nicht so schlimm, schlimm ist vielmehr ein Mangel an Echt-
heit.

Versuchen Sie also einmal, Ihre eigenen Gefühle und Gedanken zu diesem Themenkomplex zu ergründen. Dabei ist es
sehr hilfreich, wenn Sie – quasi als Vorübung – sich einfach
hinsetzen und zehn Minuten lang (auf die Zeit achten!) völlig ungeordnet und unselektiert alles aufschreiben, was
Ihnen im Zusammenhang mit Sterben, Tod und Trauer spontan in den Sinn kommt. Schreiben Sie *alles* auf, auch wenn es
Ihnen schon beim Aufschreiben unsinnig vorkommt. Sie können nach diesen zehn Minuten in Ruhe unterscheiden, welche Elemente dieses »Brainstorming«, so der Fachausdruck,
tatsächlich etwas aussagen und welche nicht. Oft sind es gerade die »unsinnigen«, die etwas vom eigenen (Gefühls-) Leben verraten. In einem zweiten Schritt können Sie bei dem,
was Sie aufgeschrieben haben, unterscheiden, ob es sich um
einen Gedanken oder um ein Gefühl handelt, ob es aus
Ihnen selbst stammt oder ob es sich um etwas handelt, was
Ihnen eher von außen zugetragen wurde.

Danach können Sie den Reflexionsprozeß fortsetzen, bei
dem Ihnen die im nächsten Kapitel aufgeführten Fragen vielleicht ein wenig auf die Sprünge helfen können. Lesen Sie
die Fragen in Ruhe durch und wählen Sie dann als erste die
Frage aus, die Sie spontan am meisten trifft oder die Ihnen
als am leichtesten zu beantworten scheint. Danach können
Sie einzelne Fragen, die Ihnen zusagen, bearbeiten, dabei innerlich aufmerksam zuhörend, welches Ihre eigenen Fragen
in diesem Zusammenhang sind. Wohlgemerkt, es kommt

nicht darauf an, möglichst viele Fragen zu beantworten, sondern einen eigenen Reflexionsprozeß in Gang zu setzen. Schreiben Sie Ihre Antworten auf und – wenn Sie die Möglichkeit haben – besprechen Sie sie einmal mit Ihrem Partner / Ihrer Partnerin oder einer anderen nahestehenden Person.

(2) Gelegenheiten aufgreifen

Wenn sich in Ihrem Umkreis ein Sterbefall ereignet, können Sie darin auch eine Gelegenheit sehen, mit den Kindern dieses Thema aufzugreifen. Sprechen Sie offen über Ihre Gefühle und fragen Sie die Kinder, was sie selbst dabei empfinden. Nehmen Sie Ihr Kind ruhig mit zur Beerdigung oder – wenn es diese Möglichkeit gibt – zur Aufbahrung. Kinder kennen kaum Berührungsängste; diese werden erst im Lauf der Jahre durch Tabuisierung aufgebaut. Schrecken Sie nicht vor der Berührung des toten Körpers zurück – die Geschichte vom »Leichengift« gehört, wie bereits erwähnt, ins Reich der Fabeln!

Aber es gibt auch andere Anlässe. Manchmal genügt eine Frage oder eine Bemerkung des Kindes – wenn Sie sie denn hören wollen. Gehen Sie ruhig darauf ein, stellen Sie sich dem Thema, achten Sie auf kleine Zeichen und Fragen! Gerade bei kleinen Kindern ist es wichtig, daß man bei ihrem konkreten Erlebnisinhalt bleibt, wenn z.B. auf der Straße ein totes Tier liegt oder wenn das eigene Haustier, der Hamster, das Vögelchen oder Meerschweinchen gestorben ist; im letzteren Fall kann man es vielleicht gemeinsam begraben. Auch Fernsehfilme bieten Gelegenheit zum Gespräch – im Grunde kommt es nur auf Ihre eigene Wahrnehmung der Situation und das Ausnutzen der sich bietenden Chancen an. Dies wiederum hängt in entscheidendem Maße davon ab, inwieweit Sie sich selbst mit diesem Thema auseinandergesetzt haben bzw. bereit sind, sich ihm zu stellen.

Als Lehrer(in) oder Erzieher(in) haben Sie auch die Möglichkeit, sich einmal mit einer ganzen Gruppe oder Klasse in einem (größeren) Bestattungshaus umzusehen, um die Hemmschwelle in dieser Beziehung ein wenig abzubauen. Im Anschluß daran sollte auf jeden Fall über die Eindrücke, Erfahrungen und auch die Ängste der Kinder gesprochen werden. Aber hören Sie dabei genau zu – nicht selten sind die Kinder Ihnen selbst ein wenig voraus!

(3) Sich leiten lassen

Es mag etwas merkwürdig klingen, aber es ist eine immer wieder bestätigte Erfahrung: Kinder können viel »besser«, d.h. natürlicher, trauern als Erwachsene. Gerade junge Kinder kennen von Natur aus keine Berührungsängste mit dem Tod. Es scheint tatsächlich so zu sein, daß sie erst im Lauf der Jahre in dieser Hinsicht »denaturieren«, Ängste und Tabus entwickeln, sich nur noch schwierig oder gar nicht mehr äußern. Ich möchte Sie darum ermutigen, sich in der Trauer von den Kindern selbst leiten zu lassen. Damit meine ich nicht, daß Sie ihnen die Verantwortung übertragen, aber lassen Sie sie einfach mal vorangehen, hören Sie genau zu, was sie sagen, wie sie sich äußern, und folgen Sie ihnen, vielleicht ab und zu ein wenig beisteuernd und korrigierend, auf jeden Fall aber unterstützend und zuhörend! Mit der Zeit werden Sie immer hellhöriger dafür werden, was Kinder einem sagen und in welche Richtung sie weisen. Sie können an den Kindern sehen, was es heißt, im einen Moment durch und durch traurig und im nächsten voll auf etwas anderes konzentriert zu sein, als wäre gar nichts gewesen. Ganz wichtig ist es, daß Sie auch die Bedürfnisse des Kindes nach Geborgenheit erkennen und darauf eingehen, z.B. indem Sie das Kind in den Arm nehmen. Betrachten Sie sich selbst auch einmal in dieser Hinsicht kritisch und lassen Sie eigene Bedürfnisse zu!

Das rationale Begreifen des Todes ist in den ersten Lebensjahren noch sehr fragmentarisch, aber ein Kind von vier bis fünf Jahren hat im allgemeinen schon eine recht klare Vorstellung davon, was es heißt, wenn jemand tot ist. Es ist gut, wenn es auch vorher schon mit seinen Augen gesehen und mit den Händen tastend erlebt hat, was es nach und nach rational zu begreifen lernt.

Bei Jugendlichen, zumal in den frühen Pubertätsjahren, treten im Trauerprozeß nicht selten körperliche Beschwerden (Bauchschmerzen, Kopfweh u.ä.) auf, weil sie sich gerade in dieser Periode vielfach nur indirekt äußern und in ihrem ganzen Erleben sehr körpernah sind. Verstehen Sie dies als ein Signal dafür, daß sie gerade dann Ihrer besonderen Zuneigung bedürfen, und lassen Sie sich auch dann ruhig von ihnen leiten!

V. Hilfen und Übungen

In diesem Kapitel habe ich Material zusammengestellt, das zur aktiven Auseinandersetzung mit dem Thema Sterben, Tod und Trauer ermutigt. Es sind Fragen und Übungen, die die eigene Reflexion anregen und die ich selbst als Beteiligter und als Begleiter miterlebt und gestaltet habe. Manche Übungen kann man alleine machen, aber in allen Fällen ist es nach meiner Erfahrung besser, sich mit mehreren zusammenzutun, um eine Austauschmöglichkeit zu haben, am besten mit einem erfahrenen Trauerbegleiter. Ich stehe Ihnen auch persönlich dafür zur Verfügung. Anfragen bitte per Brief oder e-Mail an den Verlag (info@echter.de).

Wie im Kapitel III.4. erklärt, ist die eigene Auseinandersetzung entscheidend für die Qualität der Begleitung. Die folgenden Fragen und Übungen richten sich somit hauptsächlich an Menschen, die diese Auseinandersetzung angehen wollen, um selbst weiterzukommen und dann anderen in ihrer Trauer und ihrem Verlust beizustehen. Wichtig ist auch, sich klarzumachen, daß all diese Fragen und Übungen für einen selbst auch schmerzhaft sein können. Muten Sie sich (und anderen) nicht zuviel zu, vor allem nicht gleich am Anfang! Psychisch labile oder überängstliche Menschen sollten von derartigen Übungen ganz Abstand nehmen. Wenn Sie zu einer Gruppe gehören, können Sie vielleicht bei der Besprechung wieder als Zuhörer dabei sein. Achten Sie bei allen Übungen und Reflexionen darauf, daß Sie den sinnenhaften Bezug zur Gegenwart nie ganz verlieren! Auch bei einer Phantasiereise oder Visualisation ist es gut, Dinge zu spüren, die einen mit der Realität verbinden und bewußt halten, daß es sich um eine Übung und eben nicht um die Wirklichkeit handelt. Das kann eine Hintergrundmusik sein oder etwas, was den Geruchssinn anregt (z.B. eine Duftkerze oder Salbei), das kann ein Hinweis des Leiters auf Geräusche im Saal sein oder die verbale Feststellung: »Vergessen Sie nicht, daß es sich um eine Übung handelt!«

Alle Übungen sollten in einer lockeren und freien Atmosphäre stattfinden und durch eine kurze Übung zur Entspannung oder (noch besser) eine Meditation eingeleitet werden. Notwendig ist auch, daß das Ende klar signalisiert wird, z.B. durch einen Gong, so daß man sich »zurücknehmen« kann. Wenn Sie alleine sind, programmieren Sie Ihren CD-Player so, daß die Musik an einem bestimmten Zeitpunkt aufhört; man kann auch einfach den Wecker stellen.

1. Fragen zur eigenen Auseinandersetzung

Hier folgt zunächst eine Auswahl von Fragen, die Ihnen helfen können, sich mit dem Thema »Sterben – Tod – Trauer« auseinanderzusetzen. Bitte wählen Sie nur die Fragen aus, die Ihnen zum jetzigen Zeitpunkt weiterhelfen, denn Hilfen, die nicht helfen, sollten man besser weglassen. Am besten ist es, wenn Sie diese Fragen zunächst in Stille für sich selbst (möglichst schriftlich) beantworten und sie danach in der Gruppe oder mit einer Person Ihres Vertrauens besprechen.

* Wann sind Sie in Ihrem Leben bislang mit dem Tod in Berührung gekommen?
* Welche konkreten Erfahrungen haben Sie mit Beerdigungen und Trauerfeiern?
* Haben Sie dabei positive Erfahrungen gemacht?
* Ist schon jemand gestorben, der Ihnen nahe stand? Haben Sie Freunde »dort«?
* Haben Sie je zu diesem Thema etwas gelesen oder einen Film gesehen?
* Was hat man Ihnen als Kind darüber gesagt?
* Was möchten Sie Ihren Kindern darin nahebringen?
* Wer oder was kann Sie in Ihrer Trauer wirklich trösten?
* Wie stellen Sie sich Ihr eigenes Sterben vor? Wie wünschen Sie sich Ihr eigenes Sterben? Wie, denken Sie, werden Ihre Kinder, Ihre Angehörigen und Freunde auf Ihr Sterben reagieren?

* Wie fühlen Sie sich bei dem Gedanken an Ihr eigenes Sterben? Haben Sie Angst oder ist es Ihnen gleichgültig, oder sind Sie eher zuversichtlich? Fühlen Sie sich darauf vorbereitet? Sehnen Sie sich manchmal auch ein wenig nach dem Tod?

* Glauben Sie, daß es nach dem Tod irgendwie weitergeht? Verbinden Sie damit konkrete Vorstellungen?

* Würde das Wissen um eine tödliche Krankheit und eine begrenzte restliche Lebensspanne Ihr jetziges Leben verändern? Was würden Sie anders machen?

* Wenn Sie unter unwürdigen Umständen sterben müßten, würden Sie dann Ihr Leben durch Selbsttötung beenden wollen?

* Lohnt es sich für Sie, jemanden lieben zu lernen, der in wenigen Wochen stirbt? Warum (nicht)?

* Wenn Sie wüßten, daß Sie bald sterben müssen, wie würden Sie dies Ihrem Kind klarmachen?

* Wer trauert um Sie?

* Welche Spuren hinterläßt Ihr Leben? Woran wird man sich erinnern?

In einem Seminar oder einer Gesprächsrunde bietet es sich an, einige Fragen gezielt auszuwählen und in kleineren(!) Gruppen zu besprechen. Dabei ist nicht die Zahl der beantworteten Fragen entscheidend, sondern die Intensität und der Wirklichkeitsbezug der gegebenen Antworten.

2. »Grabstein«

(a) Denken Sie einmal daran, daß Sie irgendwann in einigen Jahren oder Jahrzehnten nicht mehr da sind. Stellen Sie sich vor, daß Ihre Zurückbleibenden den Wunsch hätten, einen Stein auf Ihrem Grab zu errichten, auf dem Ihr Lebensmotto oder die Summe Ihres Lebens in einem Satz zusammengefaßt sein soll. Was sollte Ihrer Ansicht nach auf diesem Grabstein stehen?

(b) Wenn Sie selbst Ihre eigene Grabrede halten könnten, was würden Sie gerne am Ende über sich sagen, oder was sollte ein anderer am Ende über Sie sagen?

Bitte schreiben Sie diese Rede einmal auf.

Zur Anregung:

Am (Tag / Monat / Jahr) starb (Name) im Alter von ... Jahren durch (Todesursache).

Sein/ihr Leben war erfüllt von ...

∗ was die wichtigsten Stationen seines / ihres Lebens waren;

∗ was er/sie wollte, was er/sie getan hat, was wichtig für ihn/sie war;

∗ was er/sie den Zurückbleibenden wünscht.

3. »Abschied«

Den folgenden Text habe ich einem Buch von Dierk Schäfer und Werner Knubben entnommen.[12] Er ist aus der Perspektive der Sterbebegleitung heraus geschrieben, aber er hat auch in der Trauer und Trauerbegleitung einen Platz. Lesen Sie dieses Gedicht erst ein- oder zweimal in Ruhe durch und achten Sie dabei vor allem auf Ihre Gefühle. Ich gebe im Anschluß an den Text eine Interpretation dazu, die Ihnen vielleicht als Anregung zur Verarbeitung dienen kann.

abschied
komm, bring mich noch zum bahnhof
und sage mir adieu
die treppe steigt so angsterregend hoch
drum laß mich nicht allein und geh
nicht fort, bevor ich eingestiegen bin
wink mir noch nach, bis der zug entschwindet
versprich es mir, bei allem, was uns zwei verbindet
– voll sentiment und wehmut ist mein sinn –
erst wenn ich eine weile fort bin
dreh dich um und geh

geh still nach haus, versunken und gefangen
und denk an das, was nun vergangen
an uns und unser glück
an unser leben
dann raff dich auf und sichte fein
behutsam, was ich dir gelassen
ich werd dabei im geist noch um dich sein
erst nach und nach entschweben
und wohl auch verblassen
doch lass ich dich getröstet dann zurück

du wirst es schaffen, glaube mir
warst immer stark und hast mir kraft gegeben
hab dank, die zeit war gut mit dir
doch nun adieu – und du sollst leben

Das Gedicht gibt ganz einfühlsam all die Schritte wieder, die
beim Abschied getan werden müssen, und zwar nicht nur im
Augenblick des Sterbens, sondern auch (und nicht nur einmal) im Prozeß des Loslassens in der Trauerarbeit. Er ist eine
Art Richtschnur dafür; man kann manchmal sogar spüren,
wie weit man jetzt gerade ist, und so nach einiger Zeit so etwas wie eine Entwicklung feststellen. Ich gehe den Text
noch einmal durch, um Sie auf ein paar Dinge aufmerksam
zu machen.
*»komm, bring mich noch zum bahnhof und sage mir
adieu«*
Das erste ist das »komm«: In Ihrer Trauer kommen Sie – auch
nach dem Sterben – zu jemand anderem, d.h. Sie gehen dabei nicht die Wege, die Sie selbst gewählt hätten und die Ihre
eigenen sind, sondern Sie gehen zu jemandem und mit jemandem mit, der weggeht, der sich verabschiedet. Das ist
völlig unabhängig davon, ob Sie diesen Weg beim Sterben
dieses Menschen auch konkret haben mitvollziehen können
oder ob es plötzlich und ohne Ihre Anwesenheit geschah.
Was hier beschrieben wird, ist ein innerer Weg, den jeder in
seiner je eigenen Art und Weise zu gehen und nachzuvoll-

ziehen hat. *»Bring mich noch zum Bahnhof«*, geh mit mir
noch ein paar Schritte hin zu dem Ort, wo wir uns trennen
müssen. Gehen Sie innerlich diesen Weg ruhig einmal, zweimal, dreimal, so oft Sie wollen und bis Sie müde sind – diesen Gang zum Ort des Abschieds, zu den Zeitpunkten des
Loslassens in Ihrem Leben. Und wenn Sie da sind, sagen Sie
– laut oder leise vor sich hin – adieu, mach´s gut, sei »gott-
befohlen« (a-Dieu).

»angsterregend hoch« steigt die Treppe, die man da geht, sie
steigt und steigt, man spürt förmlich das Gepäck, das man
mit sich schleppt, die Last der Jahre ebenso wie die tiefe Bindung: alles, was man nicht loslassen kann und will.

»drum laß mich nicht allein« – merkwürdig, das sagt derjenige, der weggeht! Mancher von Ihnen wird sich doch gerade selbst (sehr zu Recht) alleingelassen fühlen. Hier aber
wird gesagt, daß man den, der geht, nicht allein lassen soll.
Vielleicht kann man es so sehen: Bleiben Sie nahe dran, gehen Sie nicht fort vom Ort des Abschieds! Bleiben Sie beim
Abschied, rennen Sie nicht weg, weder äußerlich noch innerlich, auch wenn es manchmal Ihr Herz zerreißen mag!
Warten Sie, bis *der andere* gegangen ist, eingestiegen in den
Zug ohne Retour! Nicht Sie gehen, *der andere* geht – Sie
müssen gehen lassen. Bleiben Sie stehen, winken Sie noch
hinterher, *»bis der zug entschwindet«*, Schritt für Schritt, Meter für Meter. Er fährt langsam an, kommt schwerfällig in Bewegung, aber unwiderruflich bewegt er sich fort, der Abstand wächst, Schritt um Schritt. So wie die Seele aus dem
Körper weicht und langsam hinauszieht, Zug um Zug, so entschwindet dieser Zug in der Ferne, wird kleiner und kleiner,
ist schließlich nicht mehr sichtbar. Es wird kalt um Sie herum, Sie spüren den Wind, Sie merken plötzlich, wie unbe-
haglich solch ein Abschiedsort sein kann. Aber:

»versprich es mir, bei allem, was uns zwei verbindet
– voll sentiment und wehmut ist mein sinn –
erst wenn ich eine weile fort bin
dreh dich um und geh«

Nicht gleich weggehen, erst nachspüren, lauschen, still stehen. Nicht gleich umschalten, nicht gleich jammern und wehklagen, sondern noch einen Moment in der Schwebe bleiben, *in Verbindung bleiben,* im Weggehen des anderen nicht die Verbindung mit sich selbst verlieren: spüren, was ich spüre; fühlen, was ich fühle; denken, was ich denke; still stehen, noch eine Zeit in diese Richtung stehen, aus der niemand wiederkehrt; die Leere betrachten; dann erst sich umdrehen; dann erst gehen.

»geh still nach haus, versunken und gefangen
und denk an das, was nun vergangen
an uns und unser glück
an unser leben«

Genau das ist es, was dann geschieht: Man ist »versunken und gefangen«, man kann sich vielleicht gar nicht mehr vorstellen – und möchte es vielleicht auch gar nicht – jemals noch daraus aufzutauchen. Manchmal wird man wach, mitten in der Nacht, und plötzlich wird es einem schlagartig bewußt, daß dieser Abschied kein böser Traum war, sondern daß dieser Alptraum die Realität ist!
Es ist wichtig, dabei still zu stehen, aber ebenso wichtig ist es, nicht für immer darin zu bleiben. Irgendwann kommt der Zeitpunkt, daß man innerlich spürt: Jetzt wird es Zeit, daß ich loslasse, vorbeisein lasse, gehen lasse, mich frei mache. Nicht dann, wenn Nachbarn und Freunde meinen, daß es jetzt doch langsam mal vorbei sein müßte, sondern dann, wenn Sie innerlich spüren, daß Sie bereit sind für die nächsten Zentimeter auf diesem Weg.
»dann raff dich auf«. Das ist kein schöner Moment. Sich aufraffen heißt, mit sehr viel Mühe aufstehen, mit großem Energieaufwand, so wie man sich manchmal morgens aus dem Bett aufraffen muß, weil man nicht für immer in dieser Behaglichkeit verweilen kann und darf.
Dann ist die Zeit gekommen, um das zu tun, was dort heißt: *»sichte fein behutsam, was ich dir gelassen«.* Dann erst, nicht eher. Es hat überhaupt keinen Sinn, wenn ein Beglei-

tender oder gar ein Außenstehender einem Trauernden vorhält, er solle doch auf das schauen, was ihm geblieben ist. Der Blick dafür muß erst frei werden, muß sich losmachen von all dem, was nicht mehr ist.

Erst wenn man sich auf diese Art und Weise aufgerafft hat, wird man nach und nach entdecken, daß nicht alles verschwunden ist. Dies kann man erst dann entdecken, wenn man vorher losgelassen hat. Man entdeckt es nicht, solange man das Vergangene noch festhält, denn es versperrt die Sicht auf das, was in der Gegenwart geblieben ist. Dies, was geblieben ist, ist nicht das, was man eigentlich haben wollte. Aber oftmals ist man im nachhinein erstaunt, wieviel es noch ist, was als ein Vermächtnis, als Spuren im Leben geblieben ist und was sich weiterzutragen lohnt.

Ganz zärtlich klingt es dann: *»ich werd dabei im geist noch um dich sein / erst nach und nach entschweben«.* Ich glaube, treffender kann man das gar nicht sagen, so fein, behutsam, zärtlich. Daß der andere nach und nach verblaßt, darf sein, es muß sogar sein. Mancher strengt sich sehr an, das Gesicht des anderen vor dem inneren Auge zu bewahren. – Lassen Sie es ruhig verblassen! In dem Maße, wie es verblaßt, wächst auch die Gegenwart, wächst man in den Trost hinein. Erst im Entschweben, im Verblassen gibt es etwas Tröstliches für den, der zurückbleibt.

Und auch die Zuversicht wird wachsen, daß Sie selbst es schaffen werden, Kraft finden werden, um weiterzugehen. Woher die Kraft dazu kommt, das werden nur Sie ganz alleine in Ihrem Herzen wissen und erfahren. Bis dahin sind Sie selbst auch weiter gewachsen, nichts ist mehr so wie vorher. Dann ist die Zeit gekommen zu danken: *»hab dank, die zeit war gut mit dir«.* In der Zeit davor kann man sich vielleicht etwas vormachen, weil man »doch dankbar sein muß«, aber im Herzen ist noch so viel Wehmut und unverblaßte Erinnerung; da kann man nur »moralisch« danken, nicht aber wie jetzt, wo man aus einer gewissen Distanz heraus zurückblickt und sich ganz natürlich ein Gefühl der Dankbarkeit einstellt.

»doch nun adieu« – zum zweiten Mal. Es gibt tatsächlich so etwas wie einen zweiten Abschied, in dem man selber nachvollzieht, was der andere bereits getan hat. Der zweite Abschied ist der, den man selber nimmt. Abschied nehmen, ganz aktiv und nach vorne, auf die Zukunft hin ausgerichtet ... und dann gehen, Schritt für Schritt: *»und du sollst leben«*!!!

4. *»Vermächtnis«*

In dieser Reflexion geht es darum, das Vermächtnis des Verstorbenen zu sichten und weiterzutragen: Was hat er/sie mir hinterlassen?
Ich stelle in diesem Zusammenhang gerne den Vergleich auf mit einem Staffellauf: Irgendwann übergibt der Vorläufer im Laufen den Stab an seinen Nachläufer, der selbst aber auch schon angelaufen ist, während er selbst wiederum noch eine kurze Strecke vor sich hat, um in Ruhe auszulaufen.
Um diesem Vermächtnis ein wenig auf die Spur zu kommen, möchte ich nur einige Fragen stellen, die dabei helfen können. Bei all dem aber ist es wichtig zu wissen, daß Tote keine direkte Macht mehr über Lebende haben. Das bedeutet, es liegt einzig und allein an Ihnen selbst, ob Sie dieses Vermächtnis aufgreifen oder sich dem (in vielen Fällen sehr berechtigt) ganz oder teilweise widersetzen, sozusagen das Erbe ausschlagen. Es geht hier darum, das, was sich zu erben lohnt, zu entdecken und aufzugreifen.

* Wer war der (die) Verstorbene für mich ganz persönlich? Welche Bedeutung hat er/sie in meinem Leben? Wie hängt seine/ihre Geschichte mit meiner Geschichte innerlich zusammen?
* Wenn es so etwas wie eine Wiedergeburt gibt, als was werden er/sie und Sie sich im nächsten Leben wiedersehen? Als was sind Sie sich in einem vorigen Leben begegnet?
* Was erkennen Sie von ihm/ihr bei sich selbst wieder?

* Gibt es andere Personen, die etwas von ihm/ihr haben? Wie stehen Sie zu diesen Personen?

* In welcher Hinsicht war er/sie für Sie ein Vorbild? In welcher Hinsicht war er/sie *mehr* als ein Vorbild?

* Was würden Sie gerne von ihm/ihr aufgreifen? Was lieber nicht?

* Was an ihm/ihr hat Sie immer wieder geärgert? Was sagt dieses Ärgernis über Sie selbst?

* Was von ihm/ihr möchten Sie, nachdem Sie es selbst weitergetragen und weiterentwickelt haben, Ihren Kindern »weitervererben«?

* Hat er/sie Ihnen ausgesprochen oder unausgesprochen so etwas wie einen Auftrag mitgegeben?

Wenn Sie sich auf diese Art und Weise vielleicht ein Bild gemacht haben und (noch wichtiger) ein wenig mehr Gefühl dabei entwickelt haben, wie Menschen auf einer tieferen Ebene miteinander in Verbindung stehen, können Sie vielleicht ein Wort, einen Satz oder ein Symbol dafür finden, worin das Vermächtnis des/der Verstorbenen für Sie faßbar wird. Es kann auch einfach ein Stichwort sein, es kann auch – eine empfehlenswerte Übung in der Trauerarbeit – eine Zeichnung sein.

5. »Himmel und Erde«

Dies ist eine Übung für größere Gruppen mit dem Ziel, für nicht direkt Betroffene ein wenig von dem spürbar zu machen, was Trauernde erleben. Diese Übung habe ich in einer etwas anderen Form zum ersten Mal in einem Seminar des Amerikaners Frank Ostaseski erlebt und habe sie seither mehrfach mit Gruppen durchgeführt und verfeinert.

Vorbereitung:
Nach einer Einstimmungs- und Entspannungsübung bekommen alle Teilnehmer ein paar Minuten Zeit, sich auf das zu

besinnen, was für sie in ihrem Leben wirklich wichtig ist (möglich ist auch Übung zum »Grabstein«, vgl. Kapitel V.2.). Danach verteilen sie sich in Gruppen von 4 bis 5 Personen im Raum mit der Aufgabe, sich in der Gruppe gegenseitig vorzustellen und mit den anderen Teilnehmern darüber zu sprechen, was ihnen wichtig, was die wesentliche Botschaft ihres Lebens ist. Dabei gilt jedoch die Absprache, daß jeder Teilnehmer in dem Moment, da der Leiter den Monat aufruft, in dem er/sie geboren ist, sofort und ohne jedes Zögern, auch mitten im Satz, aufhört zu sprechen, aufsteht und sich an eine andere Stelle im Raum, z.B. neben die Tür, begibt.

Die Teilnehmer fangen nun in den Kleingruppen an, sich gegenseitig aus ihrem Leben zu erzählen. Der Leiter ruft in willkürlicher Reihenfolge und in willkürlichen Zeitabständen nach und nach alle Monate des Jahres auf, wobei nach jedem Aufruf ein paar Teilnehmer abrupt aufstehen werden, um sich an die vorher festgelegte Stelle im Raum zu begeben. Dort werden sie gebeten, sich still zu verhalten und die übriggebliebenen Teilnehmer zu beobachten. Ihnen wird erklärt, sie seien »gestorben«, befänden sich nun im »Himmel« und könnten jetzt sehen, was auf der »Erde« geschieht. Das geht solange, bis alle, auch die letzten Teilnehmer, durch die Ausrufung ihres Geburtsmonats aus ihrem »Leben« gerissen sind.

Im Auswertungsgespräch geht es zum einen um die Erfahrung, so plötzlich »abberufen« zu werden. Manche werden womöglich noch gar nicht angefangen haben, ihre Geschichte zu erzählen, andere wiederum werden mitten in ihrer Geschichte unterbrochen worden sein, wieder andere haben sich ganz aussprechen können. Zum andern geht es um die Erfahrungen derjenigen, die »übrigbleiben«, d.h. in dieser Übung am Leben bleiben. Wie haben sie sich gefühlt, als ihr Gruppenmitglied aufstehen und gehen mußte? Wie war es, als sie nur noch zu zweit oder ganz alleine übriggeblieben sind? Haben sie sich mit den anderen »Hinterbliebenen« aus den anderen Gruppen zusammengeschlossen, und haben sie neue Gruppen gebildet, oder wollten sie dasselbe nicht noch einmal erleben? Die dritte Reflexionsfrage geht an diejenigen, die im »Himmel« verweilten. Was haben sie selbst erfahren, wie haben sie die anderen auf der Erde gesehen, was ist ihnen aufgefallen?

Die gesamte Übung ist trotz ihres ernsten Hintergrundes recht locker, sie ist gut geeignet als Einstieg, z.B. in einen Seminartag.

6. Eine Frage

Stellen Sie sich vor, Sie hätten noch ein Jahr zu leben – was würden Sie in diesem Jahr tun?

Stellen Sie sich vor, Sie hätten noch einen Monat zu leben – was würden Sie in diesem Monat tun?

Stellen Sie sich vor, Sie hätten noch eine Woche zu leben – was würden Sie in dieser Woche tun?

Stellen Sie sich vor, Sie würden morgen sterben – was würden Sie heute noch tun?

(Reflexionsfrage, Einzelarbeit, evtl. mit Austausch in der Gruppe; schriftliche Beantwortung bevorzugt)

7. Sterbemeditation

Diese Übung besteht aus einer Phantasiereise, in der die Teilnehmer sich in ihr eigenes Sterben hineindenken und -fühlen sollen. Dieses Ziel ist ihnen auch vorher zu erklären. Personen, die davor zurückschrecken, sollten in keiner Weise zum Mitmachen gedrängt werden, sie können evtl. die Übung vom Rande aus mitverfolgen, sollten dann aber nachher bei der Auswertung nicht mitreden.

Wichtig ist es, daß Sie einige Elemente einbauen, die einen Realitätsbezug bewahren: eine Duftlampe o.ä. für den Geruchssinn, meditative Musik im Hintergrund, das Sitzen oder Liegen während der Ausführung der Übung.

Man tut gut daran, eine solche Sterbemeditation erst dann in einer Gruppe durchzuführen, wenn man schon ein wenig vertrauter miteinander geworden ist. Sie sollte auch nicht als erste Übung an einem Tag durchgeführt werden. Wenn nötig, kann man vorab ein paar Minuten zur Körperentspannung einplanen.

Die Teilnehmer liegen nach Möglichkeit auf Matten auf dem Boden (vgl. »Sterbebett«). Wenn das nicht möglich ist, kann die Übung auch in einer entspannten Sitzhaltung durchgeführt werden. Die Augen sind geschlossen. Im Hintergrund spielt die Meditationsmusik (nichts Sentimentales!). Der Leiter gibt mit fester, ruhiger Stimme die folgende Anleitung, wobei er zwischen den einzelnen Sätzen immer wieder Pausen läßt (zwischen den Abschnitten längere Pausen).

(1) Schließen Sie die Augen und entspannen Sie sich! Spüren Sie Ihren Atem ... spüren Sie, wie es in Ihnen atmet. Sie riechen den Duft der Lampe, Sie hören die Musik, Sie spüren den Boden, auf dem Sie liegen.

Wenn Sie ganz entspannt sind, werden Sie sich bewußt, daß Sie jetzt ein wenig von Ihrem eigenen Sterben erleben werden.

(2) Stellen Sie sich vor, daß Sie mit Ihrem Arzt sprechen! Er erklärt Ihnen, daß Sie eine schwere Krankheit haben, eine Krebsgeschwulst. Es gibt nur noch wenig Hoffnung, Sie haben nur noch wenige Monate zu leben.

Stellen Sie sich Ihre Gedanken und Gefühle in diesem Moment vor! Leben Sie sich intensiv in sie hinein: Was fühlen Sie in diesem Moment? Wem werden Sie davon erzählen, wem nicht? Wie möchten Sie die Ihnen verbleibende Zeit verbringen? Was ist Ihnen wichtig? Nehmen Sie sich ruhig Zeit, sich Einzelheiten vorzustellen ...

(3) Die Zeit geht weiter, der Tod kommt näher. Sie fühlen, daß Ihr Körper schwächer wird. Sie sind in manchen Dingen auf Hilfe angewiesen. Sie fühlen, daß sich Ihr Leben dem Ende nähert. Sie sind sich bewußt, daß Sie sterben werden. Der Abschied steht direkt bevor. Werden Sie sich Ihres Gefühls klar bewußt! Gehen Sie umher, um Abschied zu nehmen von allem, was Ihnen lieb ist ...

(4) Und jetzt stellen Sie sich vor, daß Ihr Körper seine Kraft verliert! Sie liegen in einem Raum in einem Bett. Schauen Sie

sich um, wo Sie sich befinden! Sie sehen sich dort im Bett liegen, Sie sehen die Anwesenden dort, Sie hören Ihre letzten Worte ... Sie werden müde, müde, unendlich müde.

(5) Dann verläßt Sie die Lebenskraft, Sie lösen sich langsam aus allem heraus, sind ganz bei sich selbst, Sie sind im Sterben. Wie in einem Film zieht Ihr ganzes Leben noch einmal an Ihnen vorbei, und Sie betrachten es mit liebevollem Abstand ... Ihre Kindheit ... Ihre Jugendzeit ... die Orte, die Menschen ... wichtige Ereignisse in Ihrem Leben ...

Achten Sie darauf, welche Gefühle dieses Leben bei Ihnen hinterläßt, wo Freude aufkommt, wo Peinlichkeiten entstehen, wo Sie sich schämen oder traurig sind ...

(6) Das alles lassen Sie jetzt hinter sich. Sie schauen auf die, die zurückbleiben. Sie selbst sind nicht mehr dabei. Sie fliegen gleichsam durch den Raum und durch die Zeit hindurch. Achten Sie darauf, wer und was Ihnen begegnet, wer auf Sie wartet, wonach Sie verlangen ... Verweilen Sie in diesem Zustand ...

(7) Abschluß: Gönnen Sie sich noch einen kleinen Blick zurück. So war Ihre Vorstellung von Ihrem Leben und Ihrem Sterben ... Lassen Sie die Augen noch einen Moment geschlossen, bevor Sie langsam wieder in Ihr Leben hier in diesem Raum eintreten. Sie sind lange weggewesen, jetzt können Sie neu und anders weiterleben ... Spüren Sie den Frieden, die diese Gegenwart jetzt für Sie hat, Sie sind da, ganz da, neu da ... Das Leben lebt in Ihnen, Sie dürfen es wieder annehmen und auf sich nehmen.

Mögliche Fragen zur Auswertung:

* Wie haben Sie diese Meditation insgesamt erfahren?

* Was war für Sie der wichtigste Moment?

* Gab es Überraschungen für Sie, Dinge, die Sie vielleicht anders erwartet hatten?

* Wie haben Sie reagiert, als Sie vom Arzt die Diagnose erhielten?

* Welche Personen haben für Sie eine wichtige Rolle gespielt – welche nicht?

* Wer war bei Ihrem Sterben dabei?
* Was waren Ihre letzten Worte?
* Was geschah im Augenblick des Sterbens?
* Sind Sie jemandem begegnet?
* Wie haben Sie den Lebensrückblick erfahren?
* Gibt es Dinge, die Sie jetzt anders machen werden?
* Wie war es, wieder in dieses Leben einzutauchen?

Zum Abschluß

Alles wird wieder gut ... Aber zwischen dem Verlust und der Erfahrung, daß alles »wieder gut« wird, liegt der Abschied und das Loslassen. Loslassen ist ganz leicht, aber es fällt unsagbar schwer. Ich möchte dieses Buch deshalb beenden mit einer Ermutigung zum Loslassen:

»Los-Lassen«

Traue dich loszulassen,
freizugeben, dich selbst
und den/die, um den/die du trauerst.
Denn du sollst weiterleben,
du darfst weiterleben,
es wird immer genug da sein, dies zu vollbringen.
Indem du ihn/sie losläßt,
verrätst du ihn/sie nicht,
du wirst dein eigenes Leben auf dich nehmen,
Schritt für Schritt, Tag für Tag, Stunde um Stunde.
Je weiter du kommst, desto mehr wird die Angst
davor schmelzen
wie der Schnee in langersehnter Sonne.
Das, was war, läßt sich nicht festhalten:
Je mehr du danach greifst, desto mehr
zerrinnt es wie feiner, trockener Meeressand
zwischen den Fingern.
Traue dich loszulassen, freizugeben
und scheinbar ohne Halt weiterzugehen.
Was gewachsen ist und Liebe war,
ist unvergänglich, unumkehrbar,
es wird dich tragen, wenn du dich tragen läßt,
los-läßt in freie Bewegung.
Erinnerung wird bleiben,
unbedrohlich, lebensstark.
Du kannst leben, glaube mir,
jetzt, sofort und immer mehr.

Anmerkungen

[1] Die bekannte amerikanische Trauerbegleiterin Christine Longaker ist Autorin, Dozentin und Mitbegründerin eines Hospizes in California. Sie ist Mitarbeiterin von Sogyal Rinpoche, der vor allem durch sein Werk »Das tibetische Buch vom Leben und Sterben« einem breiten Publikum bekannt wurde.

[2] Monika Müller / Matthias Schnegg, Unwiederbringlich – Vom Sinn der Trauer, Freiburg / Basel / Wien 1997, S. 11

[3] J.Canacakis, Ich sehe deine Tränen. Trauern, Klagen, Leben können, Stuttgart 1987, S. 29

[4] M. Müller / M. Schnegg, a. a. O., S. 124

[5] Dieser Ausdruck ist mir zum ersten Mal begegnet im Buch von M. Müller / M. Schnegg

[6] Mt. 4, 1–11 par.

[7] Diesem Bild bin ich begegnet im Buch von Hilda-Maria Lander und Maria-Regina Zohner, Trauer und Abschied. Ritual und Tanz für die Arbeit mit Gruppen, Mainz 1992, S. 21

[8] A.a.O., S. 29

[9] Vgl. Kap. I.2.

[10] Zit. nach Christine Longaker, Dem Tod begegnen und Hoffnung finden. Die emotionale und spirituelle Begleitung Sterbender, München / Zürich 1997, S. 262

[11] Raymond A. Moody, Leben nach dem Tod. Die Erforschung einer ungeklärten Erfahrung. Reinbek 1977

[12] Dierk Schäfer/Werner Knubben, »...in meinen Armen sterben?«, Hilden (Verlag Deutsche Polizeiliteratur) ²1996, S. 272